Libro 1

ABRIR PASO

Libro de lectura y vocabulario

Eva Neisser Echenberg

Para Myron

MIRAFLORES

P.O. Box 458 Victoria Station, Westmount
Montreal, Quebec H3Z 2Y6 Canada
Telephone: (514) 483-0722
Fax: (514) 483-1212
e-mail: miraflores@sympatico.ca
Internet: http://www.miraflores.org
Printed in Canada

Distribuidor exclusivo en Canadá:
Librería Las Américas
10 St. Norbert
Montreal, Quebec H2X 1G3 Canada
Telephone: (514) 844-5994
Fax: (514) 844-5290

Legal Deposit
National Library of Canada,
2nd trimester, 1999
National Library of Quebec,
2nd trimester, 1999

ISBN 2-921554-01-1 (First edition)
ISBN 2-921554-05-4 (Second edition)

ISBN 2-921554-58-5 (Third edition)

Authorizations:
• Julio Cebrián, Cambio 16, Monóxido, 27 de agosto de 1989, p. 61
• Juan Ballesta, Cambio 16, No. 1.032, 2 de septiembre de 1991, p. 66

Photography (cover): Jo-Anne Solowey Shapiro
Graphic Design: Ingrid Stockbauer and Jose Tavares

ABRIR PASO – LIBRO 1

CAPÍTULO	TEMA	VOCABULARIO	GRAMÁTICA	ORAL	TAREA
1. Países y capitales	geografía	geografía básica	ser, llamar	países	-----
2. Mapas de LAmérica	geografía	puntos cardinales	ser, llamar	¿cómo se llama?	-----
3. Mapas de España	geografía	geografía básica	ser, estar, llamar	¿de dónde es?	-----
4. Perú y España	geografía, historia	adjetivos	situar adjetivos	es; ¿cómo se llama?	-----
5. Barcelona y México	ciudad	ciudad básica	hay; concordancia	¿hay?; ¿está?	mi ciudad / pueblo
6. Ambulantes	vendedores	ropa	singular / plural	ambulantes	una foto
7. El metro en el D.F.	transporte	medios / transporte	artículos	transporte	transporte personal
8. Independencia / Méx.	independencia	ciudad / edificios	prep. de lugar	independencia	hacer un mapa
9. M. de Cervantes	literatura	señor, caballero	artículos, concord.	¿quién, cómo, qué?	un libro
10. Pablo Picasso	arte	arte, pintura	ser; llamar	Picasso, artistas	transformar par.
11. Juan Carlos I	historia	familia	artículos	familia real	mi familia
12. Los deportes	deportes	deportes	plural; ser/ hay	deportes	deportes
13.Maradona/Butragueño	deportes	deportes	jugar	deportes	-----
14. La música	música	instrumentos musical.	pron. inter.; artíc.	música	música
15. J. Iglesias, L. Miguel	música	verbos rel. a música	preposiciones	cantante	cantante favorito
16. Importancia español	cultura general	lenguas	-----	lenguas en secunda.	lenguas en mi cole
17. ¿Por qué..nombres..	cultura general	familia	preposiciones	familia; árbol gen.	familia
18. ¿Quiénes hablan...	cultura general	nacionalidades	verbos	acentos	mi idioma
19. El dólar no es...	cultura general	dinero; barato / caro	ir; diptongo	trabajo / coches	horario
20. Premio "Andalucía"	turismo	casa, hotel, turismo	gustar, interesar, encantar	entrevista	¿qué lugar visitar?
21. La Alhambra	historia	casa; cifras	conc.; gustar, preferir	casa excep.; Alhambra	tarjeta postal
22. Torremolinos	turismo	comidas	por la mañana, tarde, noche;	visita Torremolinos	visita Torremolinos
23. Regiones de L.A.	geografía, historia	sustantivos, geogra.	prepo: en, a, de	regiones	comparación

Índice

Prólogo

Prólogo

Propósito.

Para poder comunicar verdaderamente con otra persona, sobre todo con alguien de otra cultura, es necesario no sólo aprender su lengua, sino también saber algo sobre su país, su forma de vivir, su cultura en general. El propósito de este pequeño volumen es ayudar al alumno de primer nivel a hacerse una idea básica sobre el mundo hispano, al mismo tiempo que desarrolla un conocimiento mayor de la lengua.

La organización del volumen corresponde al primer semestre al nivel colegial y al primer año al nivel secundario. Es un concepto geográfico y cultural.

El volumen también permite al profesor la libertad de emplear unos ejercicios en clase y dar otros de tarea.

La lectura.

Entre los muchos aspectos de la lengua, la lectura ha sido casi olvidada como útil de enseñanza. Es importante volver a emplearla, dado que sirve como un elemento básico. La comprensión del lenguaje escrito ayuda al alumno a aprender la organización de ideas, analizar éstas y finalmente a aprender a pensar y escribir. La ventaja de lecturas organizadas por nivel es que permiten al alumno aumentar su vocabulario de manera eficaz. El alumno aprende a reconocer los parecidos entre su idioma y el español, semejanzas que al profesor muchas veces le parecen obvias, pero que no lo son tanto para el alumno. Las oraciones de los textos son cortas, el vocabulario básico y el nivel de dificultad está ligado al de un alumno que empieza a aprender el idioma.

Metodología.

Todos los capítulos tienen las siguientes partes:

1. **Pre-lectura.** Sirve de introducción al tema y lo liga al mundo del alumno.

2. **Vocabulario anterior a la lectura.** Este ejercicio obliga al alumno a dar un vistazo al texto y así hacerse una idea global de él. Este ejercicio evita que el alumno empiece la lectura, haciéndola palabra por palabra, sin saber adonde se dirige.

3. **Texto.** El lenguaje utilizado es básico, permitiendo al alumno leer sin traducir a pesar de sólo haber estudiado el idioma poco tiempo.

4. **Comprensión del texto.** Los ejercicios permiten al alumno y a su profesor analizar el nivel de comprensión.

5. **Vocabulario.** Los ejercicios sirven para incrementar el vocabulario del alumno, a través de prefijos, sufijos, sinónimos, antónimos y palabras derivadas del vocabulario básico.

6. **Oral.** Las preguntas se refieren a los temas de la pre-lectura y sirven de comparación entre el texto y el mundo del alumno.

7. **Composición.** Los temas de composición son variados y permiten al alumno hablar de asuntos concretos.

8. **Lista de vocabulario.** Al final de cada capítulo se encuentran las palabras más empleadas en ése, a fin de recapitular.

10. **La Red.** Palabras claves para que el estudiante pueda continuar la búsqueda sobre el tema y temas conexos.

Gracias.

Agradezco primero a mis alumnos sus preguntas y sus ideas, pues fueron ellos los que impulsaron este trabajo. Agradezco a mis colegas, sobre todo a los que emplearon los textos en sus salas de clases, y luego me dieron un sinnúmero de ideas. Me gustaría nombrar a algunos: María Babinski, Diane Duchaine, Margo Echenberg, Sonsoles Fernández, Achille Joyal, Frida Kaal, Elisabeth Wörle-Vidal, Pierre Limoges, Marie-Claudine Rostaing, Eifion Pritchard. Agradezco también a los expertos en computación, Walter Neisser, Marina Ocampo e Ingrid Stockbauer. Sin su ayuda este volumen nunca hubiese aparecido. El constante apoyo de Myron siempre me ha sido la mayor ayuda.

Tercera edición
Montreal, 25 de junio de 1999

Los países y sus capitales

Los Países de Sudamérica

Identifica los países.
A. Países donde hablan el español. (mapas p. 124, 125, 126)

1. Venezuela	2. Colombia	3. Ecuador
4. Perú	5. Bolivia	6. Paraguay
7. Uruguay	8. Argentina	9. Chile

B. Países donde **no** hablan el español.

10. Brasil	11. Surinam
12. Guyana Francesa	13. Guyana

LAS CAPITALES DE LOS PAÍSES SUDAMERICANOS

Escribe el nombre de las capitales. (mapas p. 124, 125, 126)

1. Venezuela	sccaraa	A.	Caracas
2. Colombia	ábtgoo	B.	
3. Ecuador	uiotq	C.	
4. Perú	mlia	D.	
5. Bolivia	azp al	E.	
6. Paraguay	nuisacón	F.	
7. Argentina	nosueb rsiea	G.	
8. Uruguay	deovitnmoe	H.	
9. Chile	tagniaso	I.	

LOS PAÍSES DE CENTROAMÉRICA Y DEL CARIBE

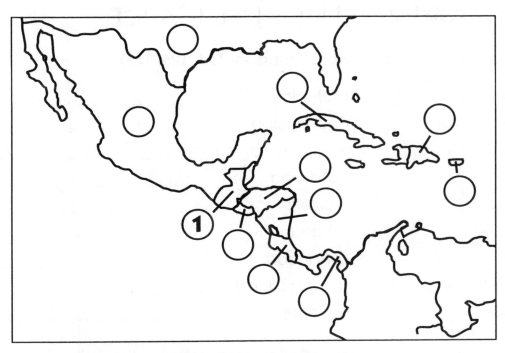

Hablan el español en estos países. (mapas p. 124, 125, 126)
Identifica los países.

A. Centroamérica
1. Guatemala   2. Honduras   3. El Salvador
4. Nicaragua   5. Costa Rica   6. Panamá

B. El Caribe

7. Cuba   8. República Dominicana 9. Puerto Rico

C. Norteamérica

10. México   11. Estados Unidos

* **Nota:** México está en América del Norte; no forma parte de Centroamérica.

LAS CAPITALES DE LOS PAÍSES CENTROAMERICANOS Y DEL CARIBE

Escribe el nombre de las capitales. (mapas p. 124, 125, 126)

1. Guatemala   matealaug   _____

2. Honduras   gucitegalpa   _____

3. El Salvador   nas drolavsa   _____

4. Nicaragua   guamana   _____

5. Costa Rica   nas séjo   _____

6. Panamá   ámanap   _____

7. Cuba   al hanaba   _____

8. República Dominicana   tonas godomin _____

9. Puerto Rico   nas nuaj   _____

Oral (en parejas)

1. ¿Cómo se llama la capital de Panamá?

2. ¿Cómo se llama la capital de Cuba?

3. ¿Cómo se llama la capital de los Estados Unidos?

4. ¿Es Managua la capital de Nicaragua?

5. ¿Es San José la capital de Guatemala?

6. ¿Son capitales San Salvador y Tegucigalpa?

7. ¿Es San Salvador la capital de Guatemala?

8. ¿Es Tegucigalpa la capital de Honduras?

ESPAÑA: UN PAÍS EUROPEO

A. Identifica los países.

1. España
2. Francia
3. Portugal
4. Marruecos
5. Argelia

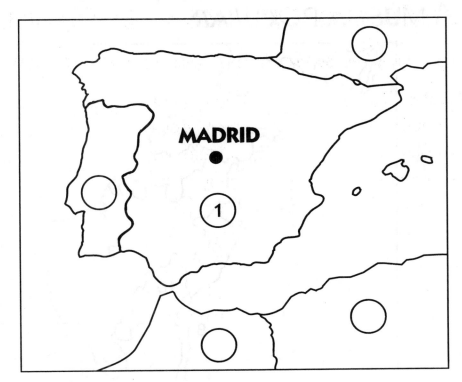

B. Escribe el nombre de la capital de España. _____

Oral (en parejas)

1.   ¿Cómo se llama la capital de España?
2.   ¿Cómo se llama el país al oeste de España?
3.   ¿Es Francia un país al sur de España?
4.   ¿Es Marruecos un país al norte de España?
5.   ¿Cómo se llaman los dos países al sur de España?

Vocabulario

Femenino	Masculino
capital	mapa
	nombre
	país

Mapas de Latinoamérica

LA MÚSICA POPULAR

Escribe el nombre de los países de origen. (mapas p. 124, 125, 126)

Modelo: 1. Tango: _Argentina_

2. Mariachi: _____

3. Samba, bossa nova y lambada: _____

4. Rumba, mambo y chachachá: _____

5. Sanjuanito: _____

6. Cumbia: _____

7. Merengue: _____

8. Cueca: _____

9. Vals criollo: _____

10. Huayno: _____

TRES CULTURAS INDÍGENAS: MAYA, **AZ**TECA, INCA

Escribe los nombres de los países modernos.
(mapas p. 124, 125, 126)

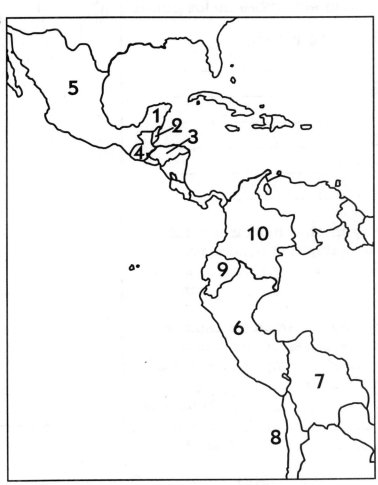

A. La cultura MAYA

   1. <u>México</u>

   2. _____

   3. _____

   4. _____

B. La cultura AZTECA

   5. _____

C. La cultura INCA

   6. _____

   7. _____

   8. _____

   9. _____

  10. _____

Oral (en parejas)

1. ¿Cómo se llama la cultura que existió en la península del Yucatán y en Centroamérica?

2. ¿Cómo se llama la cultura que existió en el oeste de Sudamérica?

3. ¿Cómo se llama la cultura que existió en México?

LOS ANDE**S**

Los Andes son montañas.

Escribe el nombre de los países.

1.   *Venezuela*

2.   _____

3.   _____

4.   _____

5.   _____

6.   _____

7 .   _____

Hay muchas montañas altas.
Por ejemplo, el Aconcagua
es una montaña en la frontera
de _____ con
_____ .

¿Cómo se llaman las capitales
de los países números uno y
cuatro? Las capitales de estos
dos países son: _____
y _____ . El océano
_____ está al
_____ de los Andes.

Oral (en parejas)

1. ¿Cómo se llama la capital del país número seis?
2. ¿Cómo se llama la capital del país número tres?
3. ¿Cómo se llama el océano al oeste de los Andes?
4. ¿Cómo se llama la capital del país número dos?

EXPLORADORES Y CONQUISTADORES

Escribe el nombre de los países modernos.

EXPLORADORES

Cristóbal Colón

1. _____ **(1492)**

2. _____

3. _____

4. _____

5. _____

Pedro Álvares Cabral (1500)
6. _____

Juan Ponce de León (1513)
7. _____

Juan Díaz de Solís (1515)
8. _____

CONQUISTADORES

Hernán Cortés
Conquistador del Imperio Azteca (1519)
9. _____

Francisco Pizarro
Conquistador del Imperio Inca (1533)
10. _____

AMÉRICA DEL NORTE, AMÉRICA CENTRAL Y AMÉRICA DEL SUR

Norteamérica es un continente y Sudamérica también es un continente. México es un país en Norteamérica. Canadá y los Estados Unidos también son países norteamericanos. Nicaragua, El Salvador y Panamá no son países norteamericanos. Venezuela, Colombia, Chile y el Ecuador son países de Sudamérica. México no es un país de Sudamérica. El Brasil, la Argentina y el Paraguay no son países centroamericanos.

Escribe V (verdad) o F (falso).

Modelo: Guatemala es un continente. __F__

1. México es un país de América Central. _____

2. Bolivia es un país de América del Sur. _____

3. Uruguay es un país de América Central. _____

4. Los Estados Unidos y Canadá son continentes. _____

5. Chile es un país situado en América del Sur. _____

EL CARIBE

Cuba es una isla del Caribe. La Española también es una isla del Caribe, una isla con dos países: al oeste, Haití y al este, la República Dominicana. Puerto Rico también es una isla del Caribe. Esta isla no es un país totalmente independiente, es un Estado Libre Asociado de los Estados Unidos. Y finalmente, la Isla Margarita es una isla muy pequeña y es parte de Venezuela.

Escribe V (verdad) o F (falso).

1. La República Dominicana es parte de una isla. _____

2. Cuba es una isla. _____

3. Bangladesh y Laos son países del Caribe. _____

4. Venezuela también es una isla. _____

5. La República Dominicana es un país. _____

6. Española también es un país. _____

Vocabulario

Femenino	**Masculino**
cultura	este
montaña	norte
	oeste
	sur

La Red
Consulta

1. **Música:** tango, mariachi, samba, merengue, cueca, huayno, rumba, milonga, corrido, ranchera, cumbia, tamborito, son Nica, zarzuela, sardana
2. **Culturas:** maya, azteca, inca, olmeca, mixteca, tolteca, chavín-sechín, paracas-nazca, moche-chimú, huari-tiwanaku, quichua, shuar, siona-secoya, mapuche
3. **Exploradores:** Cristóbal Colón, Pedro Álvarez Cabral, Ponce de León, Juan Díaz de Solís, Hernán Cortés, Francisco Pizarro, Pedro de Valdivia, Sebastián de Benalcázar
4. **Pintores:** El Greco, Ribera, Zurbarán, Velázquez, Murillo, Goya, Picasso, Dalí,
5. **Ciudades — España:** Madrid, Barcelona, Sevilla, Granada, Toledo, Salamanca, Valencia, Ávila, Zaragoza, Segovia, Santiago de Compostela,
6. **Ciudades — América:** Buenos Aires, Santiago, Lima, Quito, La Paz, Bogotá, Asunción, Montevideo, Caracas, México, Panamá, San Juan, Santo Domingo, San José, Tegucigalpa, Guatemala, San Salvador, La Habana

ESPAÑA: una monarquía parlamentaria

LA CASA DE BORBÓN

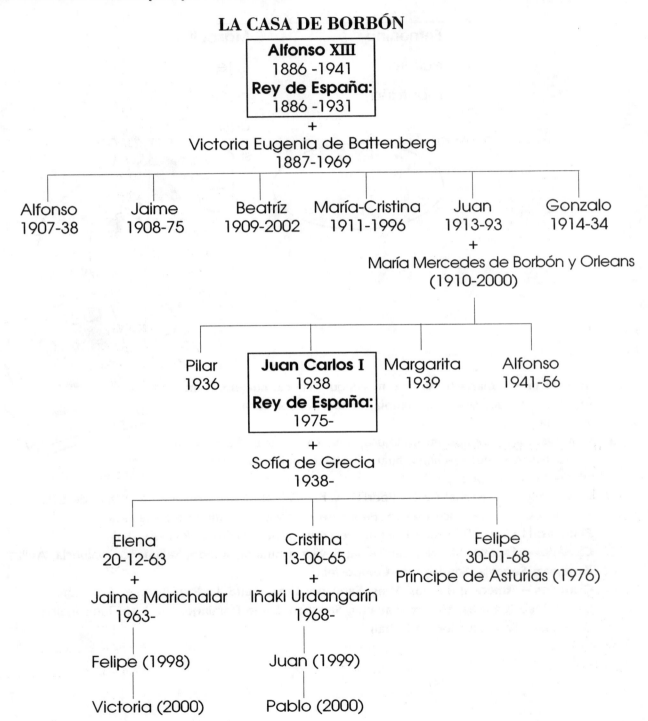

Alfonso XIII
1886 -1941
Rey de España:
1886 -1931
+
Victoria Eugenia de Battenberg
1887-1969

Alfonso	Jaime	Beatríz	María-Cristina	Juan	Gonzalo
1907-38	1908-75	1909-2002	1911-1996	1913-93	1914-34

+
María Mercedes de Borbón y Orleans
(1910-2000)

Pilar	Juan Carlos I	Margarita	Alfonso
1936	1938	1939	1941-56

Juan Carlos I
1938
Rey de España:
1975-
+
Sofía de Grecia
1938-

Elena	Cristina	Felipe
20-12-63	13-06-65	30-01-68
+	+	Príncipe de Asturias (1976)
Jaime Marichalar	Iñaki Urdangarín	
1963-	1968-	
Felipe (1998)	Juan (1999)	
Victoria (2000)	Pablo (2000)	

ESPAÑA

En la península Ibérica, hay dos países: España y Portugal. El país al oeste de España se llama Portugal. Los países al sur de España son Marruecos, Argelia y Túnez y están en el continente africano. El océano al norte y al oeste de España se llama el Océano Atlántico. El mar al sur y al este de España se llama el Mar Mediterráneo.

Madrid es la capital de España. Barcelona está en Cataluña, la región industrial más importante del país.

Escribe estas palabras en español.

en francés	en inglés	en español
nord	north	nor_____
est	east	est_____
continent	continent	conti_____
capitale	capital	capit_____
océan	ocean	océ_____
région	region	reg_____
industriel	industrial	industr_____
péninsule	peninsula	penínsu_____

Practica la pronunciación.

nor/te **es**/te con/ti/**nen**/te ca/pi/**tal**

o/**cé**/a/no re/**gión** in/dus/**trial** pe/**nín**/su/la

Oral (en parejas)

1. ¿Cómo se llama el país al oeste de España?
2. ¿Cómo se llama el mar al este y al sur de España?
3. ¿Cómo se llama la capital de España?
4. ¿Cómo se llama el océano al norte y al oeste de España?
5. ¿Es Barcelona la capital del país?
6. ¿Es Barcelona una península?
7. ¿Cómo se llaman los dos países en la Península Ibérica?
8. ¿Es España un continente?

ESPAÑA: PAÍS DE PINTORES

Escribe los nombres de las ciudades españolas.

PINTORES:

El Greco (1541 – 1614) (Doménikos Theotokópoulos)

    1. El Greco es de Creta (Grecia) y vive en <u>To   e   o</u>.

Ribera (1588? – 1652) (El Españoleto)

    2. Ribera es de <u>Va   c   a</u> y vive en Italia.

Velázquez (1599 – 1660)

    3. Velázquez es de Sevilla y vive en <u>   dr   </u>.

Murillo (1617 – 1682)

    4. Murillo es de la Escuela de Pintores de <u>Se   a</u>.

Goya (1746 - 1828)

    5. Es de Fuentetodos, cerca[1] de _____ oza ___ , vive
    en Madrid y vive exiliado en Francia.

Pablo Picasso (1881 - 1973)

    6. Es de __ Má _____ a __ .

Vive exiliado en Francia.

Salvador Dalí (1904 - 1989)

    7. Es de Figueras, cerca de __ Ba ____ e _____ .

Escribe estas palabras en español.

en francés	en inglés	en español
exilé	exiled	ex _____
peintre	painter	p _____
école	school	e _____

Practica la pronunciación.

    Ve/**láz**/quez   Pi/**ca**/sso   Da/**lí**

Oral (en parejas)

1. ¿De dónde es Salvador Dalí?
2. ¿De dónde es El Greco?
3. ¿De dónde es Pablo Picasso?
4. ¿Es Velázquez de Sevilla?
5. ¿Es Goya de Sevilla también?
6. ¿Es Ribera italiano?
7. ¿De dónde es Goya?
8. ¿Es español El Greco?

Vocabulario

Femenino	Masculino
ciudad	mar
costa	océano
península	
región	
turista	

---

[1] cerca: *près / near*

Pre-lectura: ¿Qué diferencias hay entre el Perú y España? Indica algunas diferencias.

EL PERÚ Y ESPAÑA

Vocabulario

Las palabras en el primer ejercicio también existen en tu idioma. El número indica el párrafo en el texto.

Encuentra las palabras en el texto y **escribe** las palabras semejantes: (en español, por favor)

1 mill _____   **2** indí _____ (nativo),

monu _____, fam _____, reali _____,   rui _____

3 mon _____

1 El Perú es un país, no es una ciudad. Hay veintiocho millones de peruanos en el Perú. La capital del Perú es Lima. En Lima, hay siete u ocho millones de peruanos. El Perú no es un país pequeño; ocupa un territorio grande. También es un país antiguo.

2 Una cultura indígena del Perú es la cultura inca. El monumento más famoso de los incas, el monumento turístico más importante del Perú es Machu Picchu. ¿Qué es Machu Picchu? Es una ciudad, en realidad son las ruinas de una ciudad incaica.

3 Hay montañas en el Perú, montañas muy altas. Estas montañas se llaman los Andes. Machu Picchu está en una montaña.

antiguo: en español es un sinónimo de viejo.

¿Comprendes esta palabra?   montañas

⟵   *Machu Picchu*

Comprensión del texto

Responde con oraciones completas.

1. ¿Es Machu Picchu una ciudad moderna?

   _____

2. ¿Hay nueve millones de peruanos en el Perú?

   _____

3. ¿Cómo se llama una de las culturas indígenas del Perú?

   _____

4. ¿Cómo se llama la capital del país?

   _____

5. ¿Es Lima el monumento turístico más importante del país?

   _____

Completa el mapa

Lima está:

____ a. al norte del país
____ b. al sur del país
____ c. al oeste del país

L __ __ __

__ __ C __ __ __

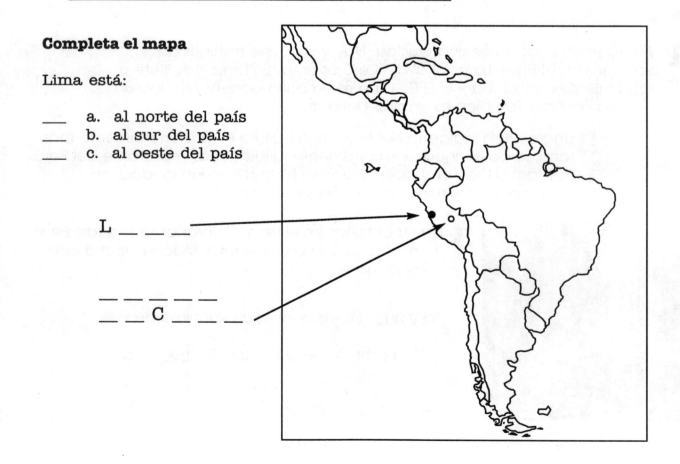

Vocabulario

Escribe las palabras semejantes. Están en el próximo texto.

1 inter _____

2 tu _____

3 mus _____

* Nota las consonantes: extranjero[1]

1 España es un país europeo, un país relativamente grande, interesante y viejo. Al noreste de España, está Francia y al oeste de España, está Portugal. España y Portugal están en una península, la península Ibérica.

2 En España, hay 38 millones de españoles. También hay muchos extranjeros que son turistas.

3 La capital de España es Madrid, una ciudad grande en el centro del país. Hay 3 millones de habitantes en Madrid. En Madrid, hay muchas plazas y muchos edificios antiguos y nuevos. El Museo del Prado está en Madrid. Este museo es muy grande y muy interesante.

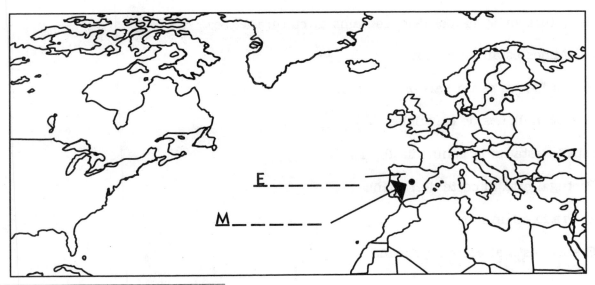

[1] extranjero (a) (m. y f.): *étranger / foreigner*

Comprensión del texto

A. Escribe preguntas sobre el texto anterior (España).

Emplea

dónde	cómo	qué

1. ¿ Qué _____? Es un país.

2. ¿ _____? Se llama Madrid.

3. ¿ _____? Está al oeste de España.

4. ¿ _____? Está en Madrid.

5. ¿ _____? Está en el centro del país.

B. Indica V (verdad) o F (falso) sobre los dos textos.

1. El Perú es un país pequeño. _____

2. Machu Picchu es una ciudad española. _____

3. El Perú es un país latinoamericano. _____

4. Lima está en la costa. _____

5. La cultura indígena del Perú se llama la cultura azteca. _____

6. Los Andes están en España. _____

7. Machu Picchu es un país en una montaña. _____

8. Hay 38 millones de españoles. _____

9. España está en la península Ibérica. _____

10. Portugal está al oeste de España. _____

11. El Prado es un museo. _____

12. Francia está al oeste de España. _____

Vocabulario

Escribe los opuestos.

1. El Perú no es pequeño, es *gra*_____.

2. Los Andes no son montañas bajas, son _____.

3. En Madrid hay muchas plazas y edificios. No son nuevos, son _____.

4. Portugal no está al este de España, está al _____.

Oral (en parejas)

1. ¿Es el Perú un país?
2. ¿Es el Perú un país en Europa?
3. ¿Es España una ciudad?
4. ¿Es Madrid una ciudad?
5. ¿Cómo se llama la capital del Perú?
6. ¿Cómo se llama la cultura indígena del Perú?
7. ¿Cómo se llama un museo de Madrid?
8. ¿Cómo se llama el país al oeste de España?
9. ¿Cómo se llaman los dos países al este del Perú?
10. ¿Cómo se llama la península donde están España y Portugal?
11. ¿Cómo se llama el océano al oeste del Perú?
12. ¿Cómo se llama el océano al norte y al oeste de España?

Vocabulario

Adjetivos

alto	≠	bajo	famoso
antiguo	≠	moderno	importante
nuevo	≠	viejo	
pequeño	≠	grande	

Pre-lectura: ¿Qué diferencias hay entre Barcelona y México D.F.? Indica las diferencias.

BARCELONA Y MÉXICO D.F.

Vocabulario

Escribe las palabras semejantes.

1 int _____

3 indus _____, cul _____,

tea _____,

ci _____ (también: cinema)

Una iglesia en Barcelona:
La Sagrada Familia

1 Barcelona es una ciudad. No es una ciudad pequeña; es una ciudad grande. Hay tres millones de habitantes en Barcelona. Hay muchas casas de interés artístico; también hay muchos edificios antiguos y modernos.

2 Barcelona no está en el centro de España. Está en la región de Cataluña. En esta región, muchas personas hablan catalán. Naturalmente, también hablan español.

3 En Barcelona hay mucha industria y también mucha actividad cultural. Hay un gran número de teatros, cines, cafés y sus plazas son muy animadas. Una calle muy interesante de Barcelona se llama Las Ramblas. Es una calle donde hay muchos árboles. También hay numerosos cafés y muchas personas que circulan día y noche.

Practica la pronunciación

in/**dus**/tria   cul/**tu**/ra

te/**a**/tro   **ci**/ne

Comprensión del texto

Responde con oraciones completas.

1. ¿Es Barcelona la capital de España?_____

2. ¿Hay muchas plazas en Barcelona? _____

3. ¿Cómo es Barcelona? _____

4. ¿Cómo se llama la región donde está Barcelona? _____

Mapa

Barcelona está

__ a. en el centro del país
__ b. en el sudeste del país
__ c. en el noreste del país

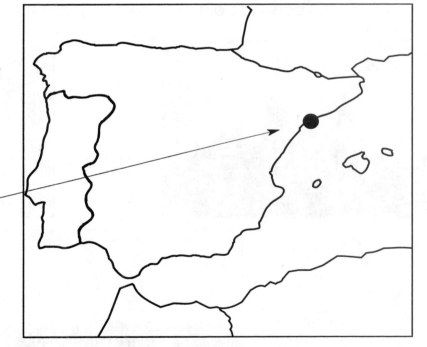

B _ _ _ _ _ _ _ _ _ _

Vocabulario

Escribe las palabras semejantes.

2 rui _____ , cate _____ , épo _____

1 México D.F. (Distrito Federal) es la capital de México. Es una ciudad muy grande. Hay veinte millones de habitantes en México. Hay muchísimas personas, coches, fábricas y en consecuencia, mucha contaminación.

2 Hay tres culturas en esta ciudad: dos antiguas y una moderna. Las antiguas son la cultura azteca y la española; la moderna es la mexicana. En la plaza principal de la Ciudad de México están representadas las tres: primero, las ruinas de un antiguo templo azteca; segundo, la catedral de la época colonial española; y tercero, el palacio de gobierno donde están las oficinas del presidente de México. Los tres edificios están en una plaza enorme donde hay muchas personas, día y noche. Esta plaza se llama El Zócalo o Plaza de la Constitución.

La Catedral

El Templo Mayor

El Palacio Nacional

Vocabulario

¿Hay más palabras semejantes? Sí. Escribe las palabras en español, por favor.

prin _____   pal _____   pre _____

Pronunciación: pa/**la**/cio   pre/si/**den**/te   prin/ci/**pal**

Comprensión del texto (México D.F.)

A. Completa las oraciones.

1. El Zócalo es una _____.

2. El palacio de gobierno está en la

_____.

3. Las tres culturas en la Ciudad de México

son la mexicana, la _____

y la _____.

4. En el Zócalo hay muchas _____.

Personas importantes de estas dos ciudades:

BARCELONA: Joan Miró y Salvador Dalí: pintores
            Pablo Casals: músico
            Juan Antonio Samaranch:
            Presidente del Comité Olímpico Internacional
MÉXICO D.F.:   Rufino Tamayo: pintor
            Frida Kahlo: pintora

B. Encuentra las respuestas en todo el capítulo.

1. Pablo Casals
   __ a. es presidente del Comité
        Olímpico Internacional.
   __ b. es de México.
   __ c. es músico.

3. El antiguo templo azteca
   __ a. está en la ciudad de México.
   __ b. está en la ciudad de Barcelona.
   __ c. está en una calle muy famosa
        que se llama Las Ramblas.

2. En México D.F.
   __ a. en el centro de la ciudad,
        está el Museo del Prado.
   __ b. hay muchos edificios antiguos.
   __ c. hay casas, edificios antiguos y
        nuevos, coches, industria y contaminación.

4. En México D. F.
   __ a. hay tres millones de habitantes.
   __ b. hay veinte millones de habitantes.
   __ c. hay siete millones de habitantes.

Gramática

A. Las concordancias

Completa.

Modelo: En la ciudad de México hay: _mucha_ _cultura_

1. much_____ plazas

2. much_____ edificios

3. much_____ industria

4. much_____ coches

5. much_____ contaminación

6. much_____ museos

7. much_____ casas

8. much_____ personas

9. much_____ mexicanos

10. much_____ cines

B. Los artículos

| el | la | los | las |

Modelo: *La* Ciudad de México es muy grande.

1. En Barcelona _____ habitantes hablan dos lenguas: _____ español y _____ catalán.

2. _____ ciudad de Barcelona está en Cataluña.

3. _____ tres culturas en México son: _____ cultura azteca, _____ cultura española y _____ cultura mexicana.

4. _____ calle principal de México D.F. se llama _____ Paseo de la Reforma. Es grande y naturalmente es muy larga.

5. En México hay muchos museos. _____ museo más grande se llama _____ Museo Nacional de Antropología. Este museo está en un parque magnífico, _____ Parque de Chapultepec.

Oral (en parejas)

1. ¿Hay mucha contaminación en la Ciudad de México?
2. ¿Hay teatros en Barcelona?
3. ¿Hay estas tres culturas en España: la azteca, la española y la mexicana?
4. ¿Tiene la Ciudad de México una población grande?
5. ¿Es Barcelona una ciudad nueva?
6. ¿Está Barcelona en el centro del país?
7. ¿Está la Ciudad de México en el centro del país?
8. ¿Hay un zócalo en la Ciudad de México?
9. ¿Hay muchas personas en el Zócalo?
10 ¿Está Barcelona en Cataluña?

Composición

Describe tu ciudad o tu pueblo.

Vocabulario

Femenino	**Masculino**	falso
calle	café	verdad
casa	cine (cinema)	
persona	coche	
plaza	edificio	
	museo	
	teatro	

La Red
Consulta (escribe el nombre del país o el nombre de la ciudad)

1. **Barcelona**
   A. Barrio Gótico: La Rambla, Museo de Historia de la Ciudad (Museu d'Historia de la Ciutat), Capilla de Santa Agata, Museo Frederic Mares, MACBA
   B. La Fachada Marítima: Atarazanas y Museo Marítimo, Port Vell, Basílica de la Mercé, La Llotja, Villa Olímpica, Castell dels Tres Dragons
   C. Carrer de Montcada: Museo Picasso, Iglesia de Santa María del Mar
   D. Monjuïc: Fundación Joan Miró, Pavellón Mies van der Rohe, Museo Nacional de Cataluña, Pueblo Español
   E. El Ensanche: Sagrada Familia, Parque Güell, La Pedrera, Fundación Antoni Tapies

2. **México D.F.**
   A. Centro histórico: Zócalo, Catedral Metropolitana, Sagrario Metropolitano, Templo Mayor, Palacio Nacional
   B. La Alameda: Palacio de Bellas Artes, Escuela Nacional Preparatoria, Secretaría de Educación Pública, Casa de los Azulejos
   C. Plazas: Plaza de las Tres Culturas, Plaza Santiago de Tlaltelolco, Plaza Garibaldi
   D. Museos: Museo Nacional de Antropología, Museo de Arte Moderno, Museo Rufino Tamayo, Museo Dolores Olmedo Patiño, Museo Nacional de Arte

Pre-lectura: Donde tú vives, ¿hay ambulantes? ¿Qué venden? ¿helados? ¿fruta? ¿artesanías? ¿Hay muchos o pocos ambulantes? En ciertas épocas del año, ¿hay más ambulantes? ¿Dónde están los ambulantes? ¿Por qué hay ambulantes?

LOS AMBULANTES

¿Qué es un ambulante? Es una persona que vende en la calle.

En México, Centroamérica y Sudamérica hay muchos ambulantes.
¿Qué venden los ambulantes? Venden comida, artesanías y servicios. También venden juguetes y ropa.

La ropa

Escribe   el / la

!Ojo! 👁 Las palabras que terminan con **n** son masculinas.

a. _____ camisa   e. _____ blusa   i. _____ polo

b. _____ pantalón   f. _____ vestido   j. _____ falda

c. _____ zapato   g. _____ sandalia   k. _____ calcetín

d. _____ sombrero   h. _____ gorra   l. _____ guante

Completa. Escribe las palabras en PLURAL.

1. Hay un par de _____
   y dos pares de _____.

3. Estos son _____ de fiesta.

2. Estas son dos
_____ de
señoras.

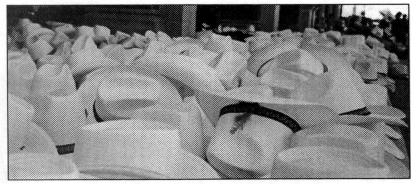

5. Los _____ son nuevos.

4. En la foto hay muchos
_____.

6. Son _____ de niños.

Comprensión

1. Completa las frases con

niños / niñas / señoras / señores

a. Foto 1: Son zapatos de

_____ y _____.

b. Foto 4: Son sombreros de

_____.

c. Foto 3: Son vestidos de

_____.

2. Indica el número de la foto.

a. Ropa nueva:

Foto _____, Foto _____,

Foto _____, Foto _____

b. Ropa usada:

Foto _____, Foto _____

3. Deducción lógica

En inglés y en francés escribimos **PH**.

a. En español escribimos

_____.

b. Un ejemplo es: _____.

Vocabulario

1. ¿Qué ropa llevan los mexicanos? (Mira la lista en la página 34)

```
C A L C E T I N E S
O E S O T A E S L O
R A R R O P A D E T
B A B R I G O U N A
A S E E N O R M E P
T T R A J E X I C A Z
A S I M A C A N O Z
```

A. La ropa en el crucigrama:

_____, _____, _____, _____,

_____, _____, _____

B. Las letras que restan forman una frase:

"Esta es la ropa de _____ _____ _____."

2. Muchos jóvenes mexicanos llevan pantalones blue jeans.

En la lista <u>subraya</u> **dos sinónimos** de blue jeans:

camisa	correa	polo	blusa
falda	mini-falda	blujín	
pantalones cortos		pantalones vaqueros	

3. ¿Qué ropa llevan las dos señoras?

En la foto hay una ambulante y una turista.

A. La turista lleva un _____ y una _____. También lleva un sombrero.

B. La ambulante lleva un _____.

Oral

Los ambulantes

A. Los ambulantes de mi ciudad

1. ¿Qué venden los ambulantes?
2. ¿Hay ambulantes que venden comida?
3. ¿Qué comidas venden?
4. ¿Existen ambulantes que venden juguetes?
5. ¿Dónde hay ambulantes?
6. ¿Hay muchos ambulantes?
7. ¿Son un problema?
8. ¿Para quién son un problema?

La ropa

B. Un ambulante mexicano

Describe la foto. ¿Qué ropa vende?

C. Mi profesor(a) de español

1. ¿lleva una camisa o una blusa?
2. ¿lleva pantalones o falda?
3. ¿lleva una corbata?
4. ¿lleva un traje?
5. ¿lleva sandalias o zapatos?

D. El ambulante de la foto

¿Qué ropa lleva?

Tarea

Describe la foto del ambulante en la página anterior. ¿Qué vende el ambulante?
¿Qué ropa lleva?

Vocabulario

Masculino	Femenino	Verbos
abrigo	blusa	comprar
calcetín	camisa	llevar
guante	chaqueta	vender
pantalón	corbata	
polo	correa (cinturón (m.) / cinto (m.))	
sombrero	falda	
suéter	gorra	
traje	media	
vestido		
zapato		

La Red
Consulta

1. **Fiestas:** Oaxaca: Guelaguetza, Día de los Muertos, Noche de Rábanos;
   Chiapa de Corzo: San Sebastián, El Parachicos; Taxco: Semana Santa;
   Veracruz: Carnaval; Puebla: Fiesta Palafoxiana;
   Guanajuato: Festival Cervantino, Viernes de Flores; Aguascalientes: Feria de San Marcos;
   Huamantla: La Asunción; Papantla: Fiesta de Corpus Cristi; Guadalajara: Fiesta de Tlaquepaque

2. **Fiestas nacionales:** Día de la Candelaria (2 de febrero), Día de la Constitución (5 de febrero),
   Día del Nacimiento de Benito Juárez (21 de marzo), Semana Santa, Día del Trabajo (1 de
   mayo), Batalla de Puebla (5 de mayo), Mensaje Presidencial (1 de septiembre),
   Día de la Independencia (16 de septiembre), Día de la Raza (12 de octubre),
   Día de la Revolución (20 de noviembre); Día de los Reyes Magos (6 de enero),
   Día de la Madre (10 de mayo), Día de Todos los Santos (1 de noviembre), Día de los Muertos
   (2 de noviembre), Nuestra Señora de Guadalupe (12 de diciembre),
   Navidad (25 de diciembre)

3. **Mercados México D.F.:** La Lagunilla, Mercado (la) Ciudadela, Mercado La Merced,
   Mercado Londres, Centro Artesanal Buenavista;
   Guadalajara: Mercado Libertad (San Juan de Dios);
   Oaxaca: Mercado de Abastos, Mercado Benito Juárez

4. **Feria de libros:** Feria Internacional de Libros de Guadalajara

Pre-lectura: ¿Qué medios de transporte hay dentro de tu ciudad: ¿metro? ¿autobuses? ¿taxis? ¿coches? ¿Hay otros más? Indica tres medios de transporte para viajar fuera de una ciudad (por ejemplo: el avión).

EL METRO DE LA CIUDAD DE MÉXICO

A. En inglés y francés escribimos **sta**...
   En español escribimos **esta**... ¿Comprendes **la estación**?

B. ¿Comprendes? dentro ≠ fuera

1 El metro de la Ciudad de México es muy grande. Tiene nueve líneas y muchas estaciones. Muchas personas viajan en metro todos los días.

2 Todas las estaciones del metro tienen un símbolo. Los símbolos son muy variados. Por ejemplo, la estación Hospital General tiene el símbolo de una **✚** (cruz), y los símbolos en las fotos representan diferentes medios de transporte.

Completa

Emplea todas las palabras:

barco / avión / tren / autobús / caballo

1. Este medio de transporte es muy importante. Hay muchos dentro y fuera de las ciudades. El símbolo del metro es un _____.

2. Este medio de transporte no existe dentro de las ciudades. El _____ es el símbolo de la Estación San Lázaro. Es la línea número 1.

3. Esta estación tiene un _____.
   Representa él de Cristóbal Colón.
   La reina y la estación se llaman Isabel la Católica.

4. Muchos turistas llegan a
   México en _____.
   Este medio de transporte es
   para largas distancias. La estación se llama
   Terminal Aérea.

5. Este medio de transporte no existe dentro de la
   Ciudad de México. El símbolo de la estación
   Zaragoza es un _____.

A. Completa

Singular el / la   **Plural los / las**
1. ____ barco →   ____ *barcos*
2. ____ autobús   ____ _____
3. ____ avión   ____ _____
4. ____ tren   ____ _____
5. ____ caballo   ____ _____

B. Conclusión: todas las palabras son
   _____ a. masculinas.   _____ b. femeninas.

C. Otros medios de transporte
   Escribe el / la   Escribe una X si el medio de transporte
                                NO existe en tu ciudad.

   1. _____ taxi   _____
   2. _____ coche (carro / auto) _____
   3. _____ camión   _____
   4. _____ metro   _____

El transporte <u>DENTRO</u> de la Ciudad de México
(Tambien se llama el Distrito Federal o el D.F.)
El metro

A. Horario de servicio
(líneas 1, 2, 3, y A)

lunes a viernes	5:00	a	0:30
sábados	6:00	a	1:30
domingos y días festivos	7:00	a	0:30

	Sí	No	No sé
1. Hoy es domingo. El avión para Dallas sale[1] a las 6:00 de la mañana. ¿Es posible ir a la estación Terminal Aérea en metro?	_____	_____	_____
2. Hoy es miércoles. Son las 10:00 de la mañana. Estamos en el hotel. ¿Es posible ir al Museo Nacional de Antropología en metro?	_____	_____	_____
3. Hoy es viernes. Son las 14:00 horas. ¿Es posible ir a la Casa de Frida Kahlo en metro?	_____	_____	_____
4. Es el sábado por la noche. Estamos en la discoteca. Son las 3:00 de la mañana. ¿Es posible volver[2] a casa en metro?	_____	_____	_____

B. El metro en cifras

1. La Ciudad de México tiene 20 millones de habitantes. En una semana normal 25 millones de pasajeros viajan en metro. ¿Cuántas personas viajan en metro los lunes? _____ personas

un tren de metro

un carro de metro

2. Un tren de metro tiene 9 carros. En un carro completo hay 39 personas sentadas[3] y 50 de pie[4]. ¿Cuántas personas hay en un tren completo? _____ personas

3. Mira el horario del metro arriba. Calcula el número de horas que circula el metro en una semana. _____ horas

---
[1] salir: *quitter / to leave*
[2] volver: *retourner / to return*
[3] sentado: *assis / seated*
[4] de pie: *debout / standing*

El transporte <u>FUERA</u> de la Ciudad de México
Los autobuses

Muchas personas viajan en autobús. En la Ciudad de México hay cuatro grandes centrales de autobuses

A. ¿Dónde están las centrales en el D.F.?
Identifica las estaciones con los números correspondientes.

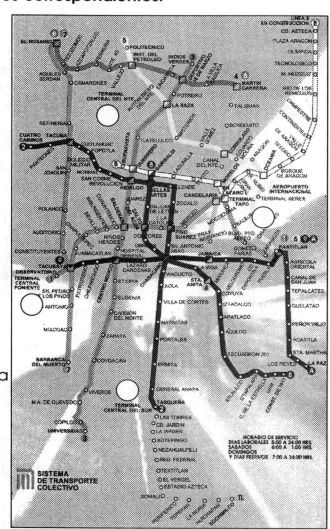

(**1.**) **La Terminal de Autobuses del Norte o Central Camionera está en la estación de metro Autobuses del Norte (línea 5).**

(**2.**) **La Terminal de Autobuses de Pasajeros de Oriente o TAPO está en el metro San Lázaro (línea 1).**

(**3.**) **La Central del Poniente está en la estación de metro Observatorio (línea 1).**

(**4.**) **La Terminal de Autobuses del Sur o Central del Sur está en la estación de metro Tasqueña. (línea 2)**

B. Por favor, ayuda a estos estudiantes

1. S., estudiante de esta clase, va a Oaxaca y Huatulco, ciudades en el sur del país. Ella va a la estación de metro
_____.

2. D., otro estudiante de esta clase, sale para Guadalajara mañana. Va a la Central del Poniente en metro. ¿Cómo se llama la estación de metro de la Central del Poniente?
_____

3. R. y F., dos profesoras de este colegio, van a Querétaro y Guanajuato. ¿Qué línea de metro va a la Terminal de Autobuses del Norte? _____

El boleto

Para viajar es necesario comprar un boleto.

**Identifica los boletos, calcula el precio
(9 pesos mexicanos = 1 dólar) e indica: caro / barato**

1. El carro 0030. Es un boleto de
   a. autobús   b. taxi   c. metro
   El boleto cuesta 1 peso 80 (1.80).
   Son _____ centavos (de dólar).
   Es *barato.*

2. La compañía IV Taq. Es un boleto de
   a. autobús   b. taxi   c. metro
   El boleto cuesta 17 pesos (17.00).
   Es _____ dólar y _____ centavos.
   Es _____.

3. Este es un boleto de
   a. autobús   b. taxi   c. metro
   El boleto cuesta 1 peso 50 (1.50).
   Son _____ centavos (de dólar).
   Es _____.

4. La señorita Hernández va de San Miguel de
   Allende a México. Ella viaja tres horas en
   a. autobús   b. taxi   c. tren
   El boleto cuesta 13 dólares 67 (13.67).
   Son _____ pesos.
   Es _____.

5. La señorita Hernández viaja en
   a. autobús   b. avión   c. tren
   El boleto cuesta 513 dólares (513.00).
   Son _____ pesos.
   Es _____.

Oral

A. El transporte <u>DENTRO</u> de mi ciudad

1. ¿Hay un metro?
2. ¿Hay autobuses?
3. ¿Es bueno el servicio de autobús?
4. ¿Hay muchos coches?
5. ¿Hay mucha contaminación?
6. ¿Dónde hay taxis?
7. ¿Empleas una bicicleta o un coche?
8. ¿Qué medio de transporte no empleas?
9. ¿Qué medio de transporte empleas?
10. ¿Es caro o barato?

B. El transporte <u>FUERA</u> de mi ciudad

1. ¿Hay un servicio de tren?
2. ¿Hay un servicio de avión?
3. ¿Hay un servicio de autobuses?
4. ¿Es bueno el servicio de autobuses?

C. El transporte <u>DENTRO</u> de la Ciudad de México

1. ¿Qué medios de transporte hay en el D.F.?
2. ¿Qué medios de transporte contaminan la ciudad?
3. ¿Qué medios de transporte no contaminan la ciudad?

D. El transporte <u>FUERA</u> de la ciudad de México

1. ¿Qué medio de transporte es más importante?
2. ¿Es caro o barato?

Tarea

El transporte que yo empleo dentro de la ciudad y fuera de la ciudad. Indica si es ecológico.

Vocabulario

Masculino		
autobús	dentro ≠	fuera
avión	caro ≠	barato
barco		
boleto		
caballo		
carro (coche)		
metro		
taxi		
transporte		
tren		
viaje		

La Red
Consulta

1. **Autobuses en México:** Central del Norte, Central del Sur, Central del Poniente; TAPO, Autobuses Estrella Blanca, Estrella Roja
2. **Trenes en México:** Ferrocarriles Nacionales de México
3. **Aviones en México:** Mexicana de Aviación, Aeroméxico

Pre-lectura: Indica el día de la independencia de tu país. Indica el nombre de una persona importante en la independencia de tu país. ¿Fue[1] tu país una colonia?

LA INDEPENDENCIA DE MÉXICO

Un cognado es una palabra con el mismo origen y el mismo significado en tu idioma y en español.
Escribe los cognados. El número corresponde a los párrafos en el texto.

1 _____ *dep* _____ , *hé* _____
5 *mon* _____ , *pl   c* _____
6 _____ *sita* , _____ *lacio* , *of* _____

Completa
Emplea todas las palabras
    iglesia / puerta / plaza / Casa de Visitas /
        Palacio Municipal / México

1 El 16 de septiembre es el día de la independencia mexicana. Hay muchas fiestas. Miguel Hidalgo es un héroe de la independencia de México. Es un cura[2].

2 Esta puerta es muy importante. Aquí Miguel Hidalgo declara la independencia de México.

Esta es la _____ .

---
[1] fue: *fut / was*
[2] el cura: *curé / priest*
[3] la ciudad: *ville / city*

3 Miguel Hidalgo declara la independencia en la puerta de esta iglesia. La iglesia está en Dolores Hidalgo, una ciudad[1] en el centro de México.

La _____
se llama Nuestra Señora
de los Dolores.

4 La plaza se llama Jardín Independencia. Está frente[2] a la iglesia.

La _____ está en el centro de la
ciudad.

Miguel Hidalgo declara
la independencia
de _____.

5 En el centro de la plaza hay un monumento. Arriba está Miguel Hidalgo. Una placa declara: "Al Padre de la Patria[3] Miguel Hidalgo".

---

[1] la ciudad: *ville / city*
[2] frente: *en face / opposite*
[3] la patria: *sinónimo de nación*

6 Alrededor[1] de la plaza hay muchos edificios. Hay dos edificios públicos: la Casa de Visitas y el Palacio Municipal. La Casa de Visitas es para la visita del Presidente de México o su representante. Tiene un patio interior. En el Palacio Municipal[2] están las oficinas del Distrito y del Municipio. Identifica los dos edificios.

_____   _____
_____   _____

Comprensión

Escoge la frase apropiada.

1. Dolores Hidalgo es
   ___ a. una ciudad.
   ___ b. un héroe de la independencia de México.
   ___ c. una plaza.

2. Miguel Hidalgo es
   ___ a. un monumento.
   ___ b. un héroe de la independencia mexicana.
   ___ c. una iglesia.

3. El Jardín Independencia es
   ___ a. una ciudad que se llama Dolores Hidalgo.
   ___ b. un edificio público.
   ___ c. una plaza pública.

4. En el centro de la plaza hay
   ___ a. una iglesia que se llama Nuestra Señora de los Dolores.
   ___ b. edificios públicos, tiendas y restaurantes.
   ___ c. un monumento al Padre de la Patria, Miguel Hidalgo.

Diccionario en imágenes:

la ropa

media[3]

mercería

artesanías

zapatería

mueblería

centro cambiario: compra y venta de dólares $

---

[1] alrededor: _au tour / around_
[2] el Palacio Municipal: _sinónimos: ayuntamiento, municipalidad: mairie / town hall_
[3] media: _sinónimo: calcetín_

Dolores Hidalgo

Dolores Hidalgo es una ciudad muy pequeña. Este es el mapa de la plaza y los edificios alrededor.

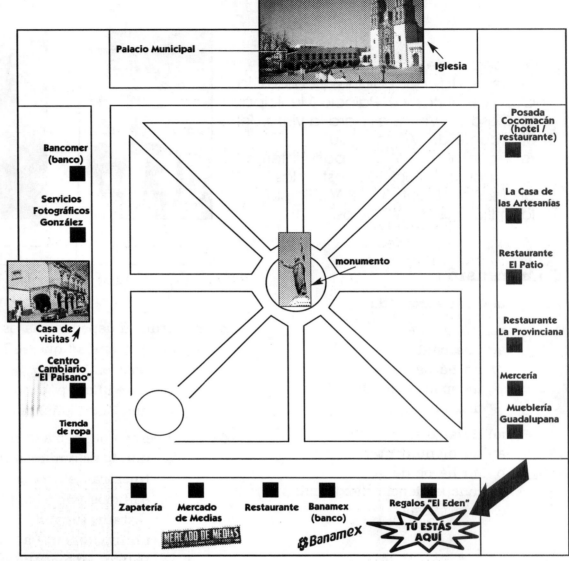

A. Tú estás en la tienda Regalos "El Eden".

Escribe

a la derecha   /   a la izquierda   /   entre

1. Alrededor de la plaza hay restaurantes y tiendas.
   El restaurante El Patio está _____ la Casa
   de Artesanías y el Restaurante La Provinciana.

2. Hay tres restaurantes _____ de la plaza.

3. La iglesia está _____ del Palacio Municipal.

4. La Casa de Visitas está _____ los Servicios Fotográficos González y el Centro Cambiario "El Paisano."

5. La tienda donde venden ropa está _____ de la plaza.

B. Estás en la tienda Regalos "El Eden" (mira la página anterior). Completa las frases. Emplea todas las palabras.

a la derecha / a la izquierda / en el centro / entre

1. El monumento del Padre Hidalgo está _____ de la plaza.

2. La Posada Cocomacán (hotel / restaurante) está _____ del Jardín Independencia.

3. El Mercado de Medias está _____ una tienda de zapatos y un restaurante.

4. _____ de la plaza está la Casa de Visitas.

C. LA CASA DE MIGUEL HIDALGO
Escribe

casa / ciudad / edificio / puerta

1. La casa de Miguel Hidalgo está en la _____ de Dolores Hidalgo.

2. Hoy no es una casa privada, es un _____ público.

3. Muchas personas visitan la _____ de Miguel Hidalgo.

4. En la foto está la _____ de la casa de Hidalgo.

D. EL 16 DE SEPTIEMBRE
Escribe

el / la

1. La declaración de independencia de México se llama "_____ Grito de Dolores." Es en 1810. (mil ochocientos diez)

2. _____ Presidente de México o su representante visita Dolores Hidalgo el 15 y el 16 de septiembre.

3. _____ Presidente, como Hidalgo, proclama _____ independencia en la puerta de la iglesia.

E. LA CAMPANA
Escribe

la / una

1. Hay _____ campana que se llama _____ Campana de Independencia.
2. _____ campana original no está en Dolores Hidalgo. Está en el Palacio Nacional en _____ Ciudad de México.
3. También hay _____ copia de la campana. _____ copia está en Dolores y el original está en _____ capital del país, la Ciudad de México.

ORAL

A. Mira la plaza en la página 44 (Estás en Regalos "El Eden")

1. ¿Está la iglesia a la derecha o a la izquierda del Palacio Municipal?
2. ¿Está Banamex a la derecha o a la izquierda de Regalos "El Eden"?
3. ¿Cuántos restaurantes hay?
4. ¿Cuántos bancos hay? (El Centro Cambiario no es un banco)
5. ¿Está la Posada Cocamán a la izquierda de la plaza?
6. ¿Está la tienda de fotos entre dos restaurantes?
7. ¿Qué hay entre el Centro Cambiario y los Servicios Fotográficos González?
8. ¿Qué hay entre el Mercado de Medias y Banamex?

B. La independencia de tu país

1. ¿Cómo se llama la capital de tu país?
2. ¿Cómo se llama un héroe de la independencia?
3. ¿Cómo se llama una heroína de la independencia?
4. ¿Existe una campana de la independencia?
5. ¿Cómo se llama la ciudad donde está la campana?
6. El 16 de septiembre es el día de la independencia de México. Indica el día de la independencia de tu país.

Vocabulario

Masculino	Femenino	
edificio	casa	a la derecha
jardín	ciudad	a la izquierda
héroe	iglesia	alrededor
monumento	independencia	en el centro
patio	plaza	en
restaurante	tienda	entre

Tarea

1. Emplea la lista de vocabulario arriba para completar un mapa de una calle o de una plaza de tu ciudad. (Mira el mapa de la plaza)
2. En la Red encuentra a Josefa Ortíz Domínguez. ¿Quién es? ¿Dónde vive? ¿Qué hace?

La Red
Consulta

1. **Héroes de la independencia mexicana:** Miguel Hidalgo, Juan de Aldama, Ignacio Allende, Josefa Ortíz Domínguez, Mariano Abasolo, José María Morelos, Agustín de Itúrbide
2. **Héroes de la independencia de América del Sur:** Simón Bolívar, José de San Martín
3. **Murales del Padre Hidalgo:** Rivera: Palacio Nacional, México D.F.; Orozco: Palacio de Gobierno, Guadalajara (Jalisco) "Abolición de la Esclavitud"

Pre-lectura: **Shakespeare es el autor más importante de la literatura inglesa. ¿Quiénes son los autores más famosos de la literatura francesa? ¿Quién es el autor más destacado de la literatura española? ¿Son todos hombres o también hay mujeres?**
William Shakespeare: 1564 - 1616
Miguel de Cervantes: 1547 - 1616

MIGUEL DE CERVANTES Y SOR JUANA

Vocabulario

Las palabras en el primer ejercicio son cognados de palabras en tu idioma. El número indica el párrafo en el texto.

Escribe las palabras semejantes que están en el texto: (en español, por favor)

1 fa_____, pri_____

2 sá_____, me_____, da_____

3 ver_____, poe_____, comp___j_____

1 Miguel de Cervantes es el autor español más famoso. Su libro más importante se llama *Don Quijote de la Mancha* y el personaje principal también se llama don Quijote. El amigo de don Quijote se llama Sancho Panza. Don Quijote es alto y delgado; Sancho Panza es bajo y gordo.

2 *Don Quijote* es una sátira de los libros de caballería[1]. Estos libros de la época medieval idealizan al caballero[2] y a su dama. El libro de Cervantes no idealiza a nadie. Es una sátira.

3 Sor Juana es una autora mexicana que escribe versos muy elegantes. Los poemas de sor Juana son complejos y un poco difíciles. Es una mujer excepcional. Vive durante la época colonial. Su nombre completo es sor Juana Inés de la Cruz.

(Pablo Picasso, litografía)

Don Quijote

---

[1] caballería (m): *chevalerie / chivalry*
[2] caballero (m): *chevalier / knight*

Comprensión del texto

A. Responde con oraciones completas.

1. ¿Cómo se llama el libro tan famoso de Miguel de Cervantes?

_____

2. ¿Quién es el amigo de don Quijote?

_____

3. ¿Cómo es don Quijote?

_____

4. ¿Cómo es Sancho Panza?

_____

5. ¿Es Don Quijote una sátira de los libros románticos?

_____

6. ¿Cómo son los versos de sor Juana?

_____

7. ¿Escribe sor Juana libros románticos?

_____

B. Escoge la respuesta correcta.

1. Sor Juana es

_____ a. una autora.

_____ b. un verso.

_____ c. un poema.

2. *Don Quijote* es el nombre de

_____ a. un libro.

_____ b. un señor.

_____ c. un libro y también su personaje principal.

3. Miguel de Cervantes

_____ a. idealiza la época medieval.

_____ b. satiriza la época medieval.

_____ c. explica la época medieval.

4. Miguel de Cervantes

_____ a. es un autor español moderno.

_____ b. es el personaje principal de un libro.

_____ c. es un autor español muy famoso.

5. Los libros de caballería

_____ a. idealizan al caballero y a su dama.

_____ b. satirizan al caballero y a su dama.

_____ c. explican al caballero y a su dama.

Vocabulario

Escoge la palabra apropiada.

1.   **caballero**   **caballos**   **caballo**[1]   **caballería**

El _____ es un animal. (Él de don Quijote se llama Rocinante.)

El _____ es una persona muy correcta. (Don Quijote es uno.)

Los libros de _____ son de la época medieval. (Don Quijote es una sátira de estos libros.)

2.   **ideal**   **idealiza**   **ideales**

Los personajes de Shakespeare son realistas. Shakespeare no _____ a los personajes.

Don Quijote es una sátira de un caballero _____ .

3.   **persona**   **personas**   **personaje**

El _____ más importante del Quijote es don Quijote.

¿Cuántas _____ hay en Madrid? Hay tres millones.

La Red
Consulta

1. **Autores españoles:** Miguel de Cervantes, Lope de Vega, Tirso de Molina, Góngora, Francisco de Quevedo, Calderón de la Barca; Siglo XX: Federico García Lorca, Juan Ramón Jiménez, Vicente Blasco Ibáñez, Camilo José Cela
2. **Autores americanos:** Época colonial: Sor Juana Inés de la Cruz, Inca Garcilasco de la Vega; Siglo XX: César Vallejo, Pablo Neruda, Nicolás Guillén, Jorge Luis Borges, Julio Cortázar, Juan Rulfo, Gabriel García Márquez, Alejo Carpentier, Mario Vargas Llosa

---

[1] caballo (m): *cheval / horse*

Gramática

A. Completa las oraciones con los <u>artículos</u> correspondientes.

el	la	los	las	un	una	unos	unas

1. Sancho Panza es _____ amigo de don Quijote.

2. Sancho Panza es _____ señor gordo y bajo.

3. _____ dama de don Quijote se llama Dulcinea.

4. _____ caballo de don Quijote se llama Rocinante.

5. Rocinante es _____ caballo muy delgado.

6. _____ nombre completo de don Quijote es don Quijote de _____ Mancha.

7. _____ Mancha es una región española que está al sur de Madrid.

B. Completa las palabras con las <u>concordancias</u> correspondientes.

Naturalmente don Quijote ama[1] a un_____ señorita. Ella se llama Dulcinea del Toboso. En los libr_____ de caballería la señorita es un_____ dama, muy elegante, muy delicad_____, es u_____ estereotipo de un_____ señorita. En realidad, Dulcinea no es u_____ señorit_____ elegante, no es delicad___. Don Quijote idealiza a Dulcinea. Él pretende que Dulcinea es bell_____, elegante y delicad_____. Dulcinea es su dam_____ y él es su caballer_____.

---

[1] amar es un sinónimo de <u>querer y adorar</u> (yo te quiero, yo te adoro, yo te amo)

Oral (en parejas)

1. ¿Cómo se llama el personaje principal de *Don Quijote de la Mancha*?
2. ¿Cuál es el nombre del amigo de don Quijote?
3. ¿Cómo se llama la dama de don Quijote?
4. ¿Cuál es el nombre del caballo de don Quijote?
5. ¿Cómo es don Quijote?
6. ¿Cómo es Sancho Panza?
7. ¿Quién es sor Juana?
8. ¿Cuál es su nombre completo?
9. ¿Qué escribe sor Juana?

Preguntas personales:

1. ¿Cómo se llama tu amigo(a)?
2. ¿Quién es tu profesor(a) de español?
3. ¿Cómo se llama tu mamá?
4. ¿Cómo es la clase de español?
5. ¿Cómo es tu colegio (escuela)?
6. ¿De dónde es Miguel de Cervantes?
7. ¿De dónde es William Shakespeare?
8. ¿De dónde eres tú?

Composición
Un libro.
Indica su autor, su título y describe sus personajes principales y su tema (o temas).

Sor _____ Inés de la Cruz

Vocabulario

Femenino	Masculino
dama	autor(a) (f. y m.)
señora	caballero
señorita	personaje
	señor

gordo ≠ delgado
principal

Pre-lectura: ¿Sabes el nombre de un pintor muy famoso? ¿De qué país es?

PABLO PICASSO

Vocabulario

Palabras semejantes

1 ge_____, mus_____

2 reali_____, art_____

3 escu_____

(Museo Solomon R. Guggenheim, Nueva York)

1 Pablo Picasso (1881 - 1973) es un pintor español. Es de Málaga, ciudad en el sur de España, en Andalucía. Es muy inteligente. Es un genio. Los cuadros de Pablo Picasso son excelentes y están en museos en muchos países del mundo. Hay muchos cuadros de Pablo Picasso en el Museo Picasso de Barcelona. Su cuadro más famoso, Guernica, está en Madrid, en el Museo Reina Sofía. En el Museo Metropolitano de la ciudad de Nueva York también hay muchos cuadros de Picasso. Y en París, en el Museo Picasso, también hay muchos cuadros de este pintor.

2 En realidad su nombre no es Pablo Picasso. Su nombre real es Pablo Ruiz Picasso. Su nombre de artista es Pablo Picasso.

3 Pablo Picasso no es un señor perezoso. Él trabaja mucho y pinta muchos cuadros. También es escultor. Su creación artística es fenomenal.

Comprensión del texto

A. Responde con oraciones completas.

1. ¿Dónde está Guernica? _____

2. ¿Dónde hay cuadros de Pablo Picasso?_____

3. ¿Cuál es su nombre real?_____

4. ¿Es Picasso solamente pintor?_____

5. ¿Cómo es Picasso?_____

6. ¿Hay dos Museos Picasso? ¿Dónde?_____

_____

B. Escribe las preguntas para estas respuestas.

Emplea palabras interrogativas. (cómo, quién, qué, de dónde, dónde, etc.)

Modelo: *¿Qué es Pablo Picasso?*   Es un pintor.

1. ¿_____ ?
   Es de Málaga.

2. ¿_____ ?
   Está en el sur del país, en una región que se llama Andalucía.

3. ¿_____ ?
   Es su cuadro más famoso.

4. ¿_____ ?
   Su nombre de artista es Pablo Picasso.

Vocabulario

Escoge la palabra correcta.

Modelo: En España hay (<u>muchos</u>, muchas, mucho, mucha) pintores famosos.

1. Un amigo de Picasso se (llamas, llama, llamar) **Joan Miró**. También es pintor y sus (cuadra, cuadro, cuadras, cuadros) están en muchos museos.

2. Sus cuadros son (humorístico, humorística, humorísticos, humorísticas).

3. La Guerra Civil le impide vivir en España y él vive en (otra, otro, otros, otras) país, Francia.

4. El nombre de este pintor no es Juan, es Joan. Este nombre es catalán. Los (español, española, españoles, españolas) de la región de Cataluña (habla, hablamos, habláis, hablan) otro idioma, el catalán y también (habla, hablamos, habláis, hablan) el español. Esta región está en el noreste del país. Naturalmente **Joan Miró** (es, ser, eres) catalán.

Oral (en parejas)

Picasso

1. ¿Qué es Picasso?
2. ¿De dónde es Picasso?
3. ¿Dónde están sus cuadros?
4. ¿Es Pablo Picasso su nombre real?

La pintura y la música

5. ¿Cómo se llama tu pintor favorito?
6. ¿Cómo se llama tu músico favorito?
7. ¿Tocas un instrumento? ¿Cuál?
8. ¿Escuchas música con frecuencia?
9. ¿Qué tipo de música escuchas? ¿clásica? ¿popular? ¿rock? ¿jazz? ¿salsa?
10. ¿Escuchas música cuando estudias?

Composición

Escribe esta composición en la **tercera persona singular.**

Me llamo Victoria de los Ángeles. No soy pintora, no soy escultora, no toco el piano. Soy una cantante española. Canto en francés, alemán, italiano y naturalmente en español. No canto solamente en mi país porque preparo y después presento óperas en todo el mundo. Me gusta la música moderna y también la antigua.

Se..._____

_____

_____

_____

Vocabulario

Femenino	**Masculino**
artista (f. y m.)	cuadro
cantante (f. y m.)	museo
pintura	pintor(a) (f. y m.)
	pintar

La Red
Consulta

1. **Pintores españoles:** El Greco, Ribera, Murillo, Zurbarán, A. Cano, Velázquez, Goya, Dalí, Picasso, Sert, Solana, Gris, Miró
2. **Museos españoles**
   Madrid: El Prado, Centro de Arte Reina Sofía, Museo Thyssen-Bornemisza, Museo Palacio Real
   Barcelona: Museo Nacional de Arte de Cataluña, Fundación Joan Miró, Museo Picasso, La Pedrera
   Bilbao: Museo Guggenheim

Pre-lectura: ¿Hay un presidente en tu país? ¿Hay un primer ministro? ¿Hay un rey? Indica un país donde hay una reina. ¿Cómo se llama esta reina?

JUAN CARLOS I

Vocabulario
Palabras semejantes:

2 prínci_____, fut_____, prince_____

3 democrá_____, parla_____, lí_____

1 El Rey de España se llama Juan Carlos I. Es un hombre con muchas responsabilidades.

2 Juan Carlos I tiene dos hijas, Elena y Cristina, y un hijo, Felipe. Felipe es el Príncipe de Asturias, el futuro rey de España. La esposa de Juan Carlos se llama Sofía. Ella es una princesa griega.

3 Juan Carlos I no es un rey autocrático, es un rey democrático. España es una democracia; es una monarquía parlamentaria. El Rey no es el jefe del gobierno. El jefe del gobierno es el líder del partido que gana las elecciones.

Comprensión del texto

Indica V (verdad) o F (falso)

1. El Rey de España es el jefe del gobierno. _____

2. El Rey de España tiene cuatro hijos, dos hijos y dos hijas. _____

3. La esposa de Juan Carlos I se llama Cristina. _____

4. España es una monarquía constitucional. _____

ESPAÑA: una monarquía parlamentaria

LA CASA DE BORBÓN

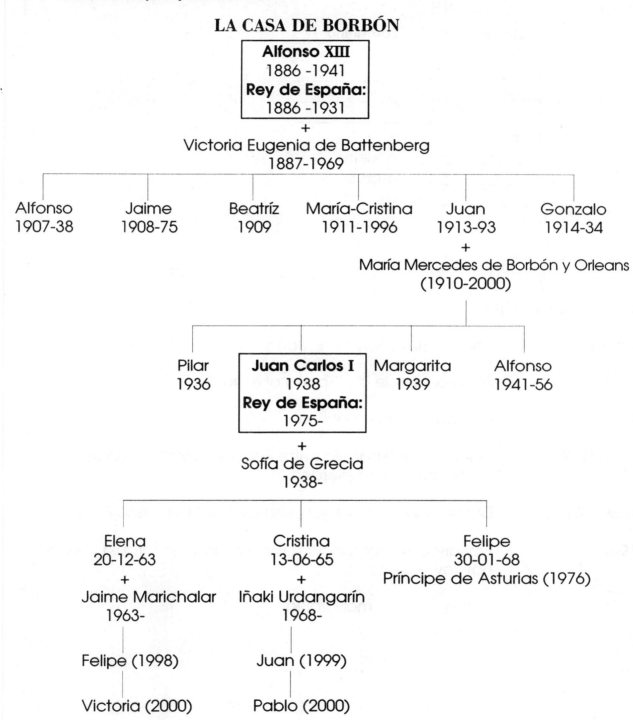

Completa el vocabulario de la familia

Masculino	Femenino
papá	_____
padre	_____
hijo	_____
hermano	_____
_____	abuela
_____	esposa
_____	tía
sobrino	_____

Información histórica

1886-1931	Alfonso XIII es Rey de España.
1931	Alfonso XIII sale de España al exilio.
1931-1936	España es una república.
1937-1939	Guerra Civil Española entre Republicanos y Falangistas. Los Republicanos pierden.
1939-1975	Dictadura del líder falangista General Francisco Franco.
1947	Francisco Franco declara España una monarquía pero no hay rey.
1975-	España es una monarquía.

Oral (en parejas)

1. ¿Cómo se llama el rey de España hoy?
2. ¿Quiénes son los dos reyes de España en el cuadro de la página 12?
3. ¿Cuántos hijos tiene Juan Carlos I?
4. ¿Cuántos años tiene Felipe, Príncipe de Asturias?
5. ¿Es Alfonso XIII el padre de Juan Carlos I?
6. ¿Es rey el abuelo de Felipe?
7. ¿Es española la madre de Felipe y sus hermanas, Elena y Cristina?
8. ¿Quiénes son las personas en la caricatura?
9. ¿Qué describe la caricatura?
10. ¿Quién es el jefe?

Completa: La Familia Real practica muchos deportes

la vela[1]	navegar	navegante
el esquí	esquiar	esquiador
la equitación[2]		
el motociclismo		

Emplea.

el	la	los	las	un	una	unos	unas

_____ Rey de España, Juan Carlos I, es _____ experto navegante, _____ excelente esquiador y también _____ buen jugador de squash. También practica _____ motociclismo. En 1972, durante _____ Juegos Olímpicos de Munich, _____ Rey, entonces Príncipe Juan Carlos, representó a España en _____ pruebas de vela.

Su hija Elena practica _____ equitación. Cristina y _____ Príncipe Felipe son excelentes navegantes. En 1988, Cristina participó con _____ Equipo Olímpico Español de Vela en _____ Juegos Olímpicos de Seúl.

---

[1] vela (f): *voile / sailing*
[2] equitación (m): *équitation / horseback riding*

Composición

Mi familia también practica muchos deportes.

Vocabulario

Femenino	**Masculino**
madre	abuelo (a) (f. y m.)
mamá	esposo(a) (f. y m.)
mujer	hermano(a) (f. y m.)
reina	hijo(a) (f. y m.)
	marido
	padre
	papá
	rey
	sobrino(a) (f. y m.)
	tío(a) (f. y m.)

La Red
Consulta

1. **La Familia Real Española:** S.M. el Rey D. Juan Carlos I,
   S.M. la Reina Doña Sofía, S.A.R. el Principe de Asturias,
   S.A.R. la Infanta Doña Elena, S.A.R. la Infanta Doña Cristina,
   Excmo. Sr. Don Jaime de Marichalar, Excmo Sr. Don Iñaki Urdangarín
2. **Reyes españoles:** Los Habsburgos: Carlos V, Felipe II, III, IV, Carlos II;
   Los Borbones: Felipe V, Carlos III, Carlos IV, Fernando VII, Isabel II, Alfonso XII, XIII
3. **Palacios y reales sitios:** Palacio de la Zarzuela, Palacio Real de Madrid, Palacio Real de
   El Prado, Palacio Real de La Almudaina, Palacio Real de Aranjuez, Palacio Real de La Granja
   de San Idelfonso, Palacio Real de Riofrío, Monasterio de San Lorenzo de El Escorial

Pre-lectura: ¿Cuál es tu deporte favorito? ¿Cuál es el deporte favorito de tu país? ¿Es el fútbol? El fútbol es el deporte nacional de España y de muchos países latinoamericanos.

LOS *D*EPORTES

Vocabulario
Los antónimos de estas palabras están en el texto.
El número indica el párrafo.

1 menos _____ ,   bajo _____

3 horrible _____ ,   sin _____

   * Nota: El tenis, el golf y el fútbol son deportes.

1 En España, como también en Latinoamérica, se practican muchos deportes. El más importante es el fútbol. El número de participantes es muy alto. Los niños practican el fútbol en las calles y en los patios de las escuelas; los estudiantes juegan al fútbol en sus colegios y universidades; niños y adultos juegan al fútbol en los parques. También hay muchos clubs de fútbol amateur como también semi-profesional y profesional. Las estrellas de fútbol son héroes nacionales.

2 En los países hispanos también se practica la natación, el tenis, el béisbol y muchos otros deportes. Depende de los países, de sus climas y también depende de las clases sociales.

3 La corrida de toros es uno de los espectáculos más populares de España. Hay muchas opiniones sobre las corridas de toros. Una opinión es que son terribles y crueles y otra opinión es que son un espectáculo magnífico, un espectáculo con música, con muchas tradiciones de alto interés cultural.

Comprensión del texto

A. Responde con oraciones completas.

1. ¿Todos los latinoamericanos practican el béisbol, el tenis y la natación?

_____

2. ¿Solamente los niños y los adolescentes juegan al fútbol?

_____

3. Indica dos opiniones sobre las corridas de toros.

_____

4. ¿Cómo se llama el deporte más popular de la España moderna?

_____

Gramática

A. Escribe los plurales

Singular	Plural	
el participante	*los*	_____
el país	_____	_____
la atleta	_____	_____
la corrida	_____	_____
el profesional	_____	_____

B. ¿Ser o hay?

    No _____ corridas de toros en todos los países latinoamericanos. Existen en algunos países latinoamericanos: México, Colombia, Venezuela, Ecuador y Perú. También _____ corridas de toros en Portugal y Francia, pero en estos países las corridas _____ diferentes. ¿Por qué _____ diferentes? En España y en los países latinoamericanos matan al toro, pero en las corridas de Portugal y Francia no matan al toro.

Vocabulario

A. Tú eres el profesor. Corrige, por favor.

(*fútbol*)
Modelo: El ~~hockey~~ es muy popular en muchos países sudamericanos.

1. La corrida de toros es el deporte nacional de España.
2. Una opinión es que las corridas son crueles y otra opinión es las corridas son un espectáculo horrible.
3. La corrida de toros es un toro popular.
4. Las corridas de toros existen en estos países latinoamericanos: México, Venezuela, España, Ecuador y Colombia.

B. Los deportes

Practica la pronunciación de las siguientes palabras.

la na/ta/**ción**   el es/**quí**   el e/jer/**ci**/cio a/e/**ró**/bi/co
la gim/**na**/sia   el **béis**/bol   el **bás**/quet/bol (ba/lon/**ces**/to)
                           el ci/**clis**/mo   el **fút**/bol
                           el **ho**/ckey   el at/le/**tis**/mo

¿Más deportes? _____, _____, _____

¿Cómo se llaman estos deportes?

1. Este deporte es muy popular en Norteamérica y el Caribe. El dominicano Moisés Alou y el puertorriqueño Roberto Alomar son estrellas de este deporte.

Este deporte se llama *el* _____.

2. Los españoles Miguel Induráin y Pedro Delgado, ganadores del Tour de Francia, son estrellas de este deporte.

Este deporte se llama _____ _____.

3. Este deporte se practica en una piscina.

Este deporte se llama _____ _____.

4. Tres estrellas de este deporte son las españolas Conchita Martínez y Arantxa Sánchez Vicario y la argentina Gabriela Sabatini.

Este deporte se llama _____ _____.

Tema de discusión

La corrida de toros es:

>   ¿un arte? ¿un espectáculo? ¿un deporte?
>   ¿una forma de torturar al toro?
>   ¿una tradición? ¿un comercio?

Oral (en parejas)

A. Los deportes

1. ¿Qué deporte(s) practicas?
2. ¿Dónde practicas este deporte? (estos deportes)
3. ¿Cuándo practicas este deporte?
4. ¿Con quién lo practicas?
5. ¿Cómo se llama una estrella[1] de este deporte?
6. ¿Cómo es? (alto, bajo, gordo, delgado)
7. ¿De dónde es?

B. Una caricatura[2]

Describe esta caricatura.
¿Qué representa?
¿Qué opinión expresa sobre el
deporte nacional de España?

---

[1] estrella (f.): *
[2] Cambio 16, No.1.032, 2-9-91

Composición

Mis deportes y deportistas favoritos.
Responde a las preguntas: ¿qué? ¿dónde? ¿con quién? ¿cómo? ¿cuándo?

Vocabulario

Femenino	Masculino	Adjetivos
corrida	adulto	grande
deportista (f. y m.)	atletismo	pequeño
escuela	baloncesto	
gimnasia	béisbol	
natación	ciclismo	**Verbo**
niña	deporte	jugar
	ejercicio aeróbico	
	esquí	
	fútbol	
	hockey	
	niño	

La Red
Consulta

1. **Asociaciones de fútbol:** FIFA, Liga de Fútbol Profesional, UEFA, Sportec, Federación Española de Fútbol, Federación Colombiana de Fútbol, Federación Costarricense de Fútbol, Federación de Fútbol de Chile, Asociación del Fútbol Argentino
2. **Copa del Mundo:** Mundial Estados Unidos 1994, Mundial Francia 1998, Mundial Japón-Corea 2002
3. **Jugadores:** Pelé, Diego Maradona, Butragueño, Ronaldo, George Weah, Roberto Baggio, Dunga, Alan Shearer, Zimedine Zidane, Davor Suker, Michel Platini, Raúl

Pre-lectura: Indica el nombre de un deportista famoso. ¿Qué deporte practica? ¿Tiene mucho dinero[1] ? ¿Es muy popular?

DIEGO MARADONA Y EMILIO BUTRAGUEÑO

Vocabulario

Escribe las palabras semejantes.

1 hé_____, na_____

4 pop_____

1 Diego Maradona y Emilio Butragueño son futbolistas.
Maradona es argentino y Butragueño español. Los dos son
héroes nacionales. Maradona no es un héroe solamente en la
Argentina. Él es un héroe en América Latina y también en
Europa. Pero Maradona también tiene problemas con drogas
y dinero[1].

2 El equipo[2] de Butragueño se llama el Real Madrid.
Naturalmente es de Madrid.

3 Maradona jugó[3] primero en su país y luego por el
Nápoles. Éste no es un equipo argentino, es un
equipo italiano, de la ciudad de Nápoles, Italia.
Después jugó por el equipo de Sevilla, en España
naturalmente.

4 Maradona y Butragueño son estrellas, son
multimillonarios y son muy populares.

Pronunciación: de/**por**/te   /   cam/**peón**

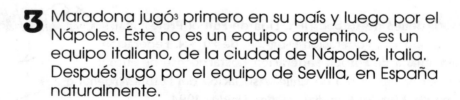

---

[1] dinero (m.): *argent / money*
[2] equipo (m.): *équipe / team*
[3] jugar: *jouer / to play*

Comprensión del texto

Responde con oraciones completas.

1. ¿Qué deporte practican Maradona y Butragueño? _____
_____

2. ¿Por qué son populares Maradona y Butragueño? _____
_____

3. Indica las nacionalidades de los dos futbolistas. _____
_____

Vocabulario

Escoge la palabra correcta.

capacidad   **realidad**   **ciudad**

1. Un equipo de fútbol de la _____ de Madrid se llama el Real Madrid.

cantidad   **ansiedad**   **personalidad**

2. Emilio Butragueño es una _____ importante, un miembro importante del Real Madrid.

deporte   **deportistas**   **deportista**

3. El béisbol no es un _____ internacional porque se juega sólo en Norte y Centroamérica y en algunos países sudamericanos. Los _____ famosos del béisbol son desconocidos en Europa, Asia, África y la gran parte de Sudamérica.

campeón   **campeonato**   **campeonatos**

4. Un _____ internacional del golf es el español Severiano (Seve) Ballesteros. Dos _____ de golf son el Masters y el Open de los Estados Unidos.

futbolista   **fútbol**   **futbolistas**

5. En Norteamérica llaman "soccer" al _____. No hay muchos _____ norteamericanos entre las estrellas internacionales del fútbol.

jugar   **juegos**   **juego**

6. _____ al fútbol es la pasión de los latinoamericanos, europeos y africanos. Es el _____ más importante del mundo en participación, como también en número de espectadores.

ganadores   **ganar**   **ganador**

7. _____ la Copa Mundial del fútbol es fantástico, extraordinario. En el país _____ todos celebran con muchas fiestas.

La Copa Mundial

Año	País donde juegan	Final
1966	Inglaterra	Inglaterra 4, Alemania 2
1970	México	Brasil 4, Italia 1
1974	Alemania	Alemania 2, Holanda 1
1978	Argentina	Argentina 3, Holanda 1
1982	España	Italia 3, Alemania 1
1986	México	Argentina 3, Alemania 2
1990	Italia	Alemania 1, Argentina 0
1994	Estados Unidos	Brasil 3, Italia 2
1998	Francia	Francia 3, Brasil 0
2002	Corea / Japón	Brasil 2, Alemania 0
2006	Alemania	_____

Conclusión lógica

Mira bien los resultados arriba.

Cuando la Copa Mundial es en las Américas, gana un equipo _____ .

Cuando la Copa Mundial es en Europa, gana un equipo _____ .

Hay solamente una excepción: en el año 1958 el Brasil gana la Copa Mundial en Suecia.

Ordena las frases
La Copa Mundial

Modelo: _2_ eliminatorios de la Copa Mundial participan
               _1_ En los juegos
               _3_ 166 países

1. _____ y también, porque cuando la Copa Mundial es en las Américas, gana
          un país americano
   _1_   Para los países latinoamericanos la Copa Mundial es más
          importante que los Juegos Olímpicos
   _____ ¿por qué? Porque el fútbol es la pasión de los latinoamericanos

2. _____ Fernando Redondo y Jorge Valdano son futbolistas argentinos
   _1_   Muchos futbolistas son de un país, pero juegan en otro país. Por
          ejemplo
   _____ pero no juegan en la Argentina, juegan en España

3. _____ ellos juegan por sus países
   _1_   En la Copa Mundial los futbolistas no forman parte de sus equipos
          deportivos,
   _____ por ejemplo, Hugo Sánchez juega por el Real Madrid profesionalmente
   _____ pero en la Copa Mundial representa a su país, México

Oral (en parejas)

1. ¿Cómo se llama tu deporte favorito?
2. Y, ¿cómo se llama tu deportista favorito?
3. ¿Cómo es tu deportista favorito?
4. ¿De dónde es este(a) deportista?
5. ¿Es un campeón o una campeona?
6. ¿Ves a esta persona en la televisión?
7. ¿Es un héroe nacional?
8. ¿Tiene mucho dinero?

Vocabulario

Masculino		Verbo
campeón(a) (f. y m.)	ganador(a) (f. y m.)	jugar
equipo	juego	

Pre-lectura: ¿Te gusta la música? ¿Qué música te gusta: el jazz, el rock, la música clásica, el reggae? ¿Te gusta bailar? ¿Bailas el chachachá, el mambo o el tango?

LA MÚSICA

Vocabulario

Escribe los antónimos (opuestos), por favor. El número indica el párrafo en el texto.

1 imposible _____

2 blanca _____

4 correcta _____, moderno _____

1 En todos los países la música es un elemento cultural muy importante. La música latinoamericana y española refleja su historia nacional y la historia de sus regiones. La música es local, nacional e internacional. Por ejemplo, el tango es de la región de Buenos Aires; es muy popular en toda la Argentina y es posible escuchar y bailar el tango en muchos países del mundo.

2 ¿Cómo es la música cubana? En Cuba hay mucha influencia negra y la música combina melodías africanas y españolas. Dos ejemplos de la música cubana son el chachachá y el mambo.

3 Y, ¿cómo es la música del Brasil? También en el Brasil la música se caracteriza por la fuerte influencia negra en elementos portugueses e indios. La samba es el resultado de esta combinación de elementos del Nuevo Mundo y del Viejo Mundo. El Carnaval de Río es muy famoso y personas de todos los países del mundo asisten. El Carnaval revela la mezcla de ritmos y religiones que crea una civilización moderna.

4 Muchas personas identifican el flamenco como la música y el baile de toda España. El flamenco no es el baile típico de España, es del sur de España, de la región de Andalucía. ¿Cuál es el origen del flamenco? Una opinión incorrecta es que el flamenco es un baile gitano. El flamenco no es puramente gitano. Es una combinación de la música de los gitanos y de las otras personas de Andalucía: los árabes y posiblemente los judíos[1] españoles. El flamenco es muy antiguo.

Pronunciación:
mú/si/ca	Ar/gen/**ti**/na	fla/**men**/co	**tí**/pi/co
tra/di/cio/**nal**	ci/vi/li/za/**ción**	re/**gión**	**mun**/do

---
[1] judío (a) (f. y m.): *Juif / Jew*

Comprensión del texto

A. Responde a las preguntas con oraciones completas.

1. ¿En qué país bailan el chachachá? _____

2. ¿Es el tango el baile típico de Madrid? _____

3. ¿Combina la música del Brasil elementos africanos y españoles? _____

_____

B. Escribe las preguntas.
Emplea

qué	quiénes	de dónde

1. ¿_____ ?
El tambor es un instrumento muy característico del mambo.

2. ¿_____ ?
El tango es argentino, de la región de Buenos Aires.

3. ¿_____ ?
Los gitanos bailan muy bien el flamenco.

4. ¿_____ ?
La samba es brasileña.

Gramática

Completa los espacios con los artículos.

el	la	un	una

_____ guitarra es _____ instrumento musical.
Es _____ instrumento muy popular. No es _____
instrumento moderno, es antiguo. Muchas personas
tocan _____ guitarra. _____ guitarrista
español muy famoso se llamó Andrés Segovia
(1893-1987). Fue _____ virtuoso de _____ guitarra.

Vocabulario

A.   La música

la melodía   el baile
la canción   el ritmo

Emplea **una** palabra de esta lista.

El flamenco es la música y el _____ típico del sur de España, de la región de Andalucía.

B.   Instrumentos musicales

percusión	viento	cuerda
tambor maraca	trompeta	violín guitarra guitarrón (una guitarra grande) arpa

Emplea **todas** las palabras. (un instrumento se repite)

1. A causa de la influencia de los negros en Cuba, los instrumentos de _____, el _____ y la _____ son muy importantes.

2. El instrumento del flamenco tradicional es _____ _____.

3. El mariachi es la música más típica de México. Una orquesta de mariachi incluye cinco instrumentos, cuatro de _____ y uno de _____.
    Estos son: el _____, la _____, el _____, la _____ y la _____.

C.   Escribe los verbos.

Sustantivo	Verbo
el baile	_____
la canción	_____
la combinación	_____

Oral (en parejas)
Un instrumento

1. Indica el nombre de un instrumento.
2. ¿Es un instrumento de cuerda, de viento o de percusión?
3. ¿Es un instrumento muy popular?
4. Indica el nombre de un músico que toca este instrumento.
5. ¿De qué país es el músico?
6. ¿Toca en una orquesta?
7. ¿Cómo se llama la orquesta?
8. Indica el tipo de música que toca. (¿clásica? ¿popular? ¿rock? ¿jazz? ¿salsa? ¿tango? ¿flamenco? etc.)
9. ¿Es música típica de un país o es internacional?

Composición
La música y los músicos

¿Qué tipo de música escuchas? Indica el nombre de la música, sus instrumentos, sus canciones, etc.
Indica el nombre de tres músicos, sus países de origen y el tipo de música que tocan.

Vocabulario

Femenino	**Masculino**	**Verbos**
canción	baile	bailar
civilización	origen	cantar
guitarra	tambor	tocar
influencia	violín	
melodía		
música		
persona		
trompeta		

Pre-lectura: ¿Quién es tu cantante favorito? ¿Es una estrella de la televisión, del cine y de la radio?

JULIO IGLESIAS, LUIS MIGUEL Y PABLO RUIZ

Vocabulario
Palabras semejantes: (en español)

1 tea _____

2 ri _____

1 Julio Iglesias es un cantante español. Es una estrella internacional. Su trabajo es cantar. Es de Madrid, la capital del país. Él canta canciones pero no toca la guitarra. Canta en muchos idiomas: en inglés, en francés y naturalmente en español. Prepara bien sus canciones y éstas son muy populares. Es posible escuchar sus canciones en la radio, en la televisión y naturalmente también en persona cuando él presenta sus canciones en teatros. Muchas personas compran sus discos y sus cintas. Él es muy popular y muy rico.

Luis Miguel

2 A los adolescentes mexicanos no les gusta Julio Iglesias. Para ellos Julio Iglesias es un poco ridículo y un poco viejo. En México los adolescentes adoran a dos cantantes: Luis Miguel y Pablo Ruiz. Luis Miguel y Pablo Ruiz no cantan en inglés ni en francés. Ellos cantan solamente en español. Los vídeos de Luis Miguel y Pablo Ruiz son muy populares.

Comprensión del texto

A. Indica V (verdad) o F (falso).

1. Julio Iglesias es mexicano. ____

2. A los adolescentes mexicanos no les gusta Julio Iglesias. ____

3. Pablo Ruiz prepara vídeos con Julio Iglesias. ____

4. Los vídeos de Pablo Ruiz y Luis Miguel son muy populares. ____

B. Emplea palabras interrogativas para hacer preguntas.

Modelo: ¿**Cómo** es Julio Iglesias? Es muy popular, pero es considerado un poco ridículo por muchos adolescentes mexicanos.

1. ¿_____?
   Son mexicanos.

2. ¿_____?
   Es español.

3. ¿_____?
   Son muy populares.

Vocabulario
Completa, por favor.

Verbo	Sustantivo		Verbo	Sustantivo
presentar	_la_ _presentación_		bailar	_____ _____
preparar	_____ _____		jugar	_____ _____
cantar	_____ _____			

Gramática
Emplea

de	en

1. Julio Iglesias es _____ Málaga.

2. Él canta _____ español y también _____ inglés y _____ francés.

3. _____ España, hay muchos programas _____ televisión que presentan música popular.

4. También _____ México la música popular es muy importante.

5. Los vídeos musicales son populares _____ México y _____ España.

6. Los adolescentes ven la televisión y compran los discos _____ sus cantantes favoritos.

LA SALSA

Ordena las frases, por favor

1. ____   y la música de baile más típica es la salsa
   ____   a los latinoamericanos les gusta mucho bailar

2. ____   y combina elementos de música africana con la música del Caribe y la música europea
   ____   la salsa, con su ritmo extraordinario,
   ____   es la música de los cubanos de Nueva York

3. ____   durante los años '40 y '50 muchos músicos cubanos fueron[1] a Nueva York
   ____   una combinación de estructuras de jazz y ritmo de salsa
   ____   donde crearon el jazz afro-cubano,

4. ____   Celia Cruz es la cantante más importante de salsa
   ____   es cubana
   ____   y vive en Nueva York

5. ____   que naturalmente se llama Salsa (1988)
   ____   ella canta en todo el mundo, tiene
   ____   unos 70 discos y una película

Composición: *Mi cantante favorito(a) o / Mi baile favorito*

---

[1] fueron: *sont allés / went*

Oral (en parejas)

1. ¿Quién es tu cantante favorito?
2. ¿Cómo se llama tu canción favorita?
3. ¿Prepara vídeos tu cantante favorito?
4. ¿Cómo son sus vídeos?
5. ¿(Tú) miras sus vídeos en la televisión?
6. ¿También prepara discos compactos (DC)?
7. ¿Y cintas (casetes)?
8. ¿(Tú) compras sus discos? ¿O compras sus cintas?
9. ¿Escuchas sus discos en tu casa?
10. ¿Escuchas música en tu radio portátil?

Vocabulario

Femenino	Masculino	Verbos
cinta	disco	adorar
	vídeo	comprar
		escuchar
		llamarse
		preparar
		presentar
		tocar

La Red
Consulta

1. **Música popular:** Julio Iglesias, Luis Miguel, Pablo Ruiz, Carlos Gardel, Tito Rojas, Celia Cruz, Juan Luis Guerra, Hector Lavoe, Charlie Zaa, Cristian Castro, Nino Bravo, León Gieco, Paulina Rubio, Soraya, Álvaro Torres, Mónica Naranjo, Massiel, Miguel Bosé, José (Chelo) Feliciano, Thalia, Gloria Estefan, Shakira, Carlos Vives, Silvio Rodríguez, Joaquín Sabina, Ricky Martin, Enrique Iglesias, Jennifer López
2. **Música clásica:** José Carreras, Plácido Domingo, Monserrat Caballé, Alfredo Kraus, Victoria de los Ángeles
3. **Música folclórica:** Atahualpa Yupanqui, Mercedes Sosa, Paco Ibánez, Victor Jara

Pre-lectura: En tu opinión, ¿cuál es el idioma más importante del mundo? ¿Por qué?

LA IMPORTANCIA MUNDIAL DEL ESPAÑOL

Vocabulario

Escribe los antónimos.

1   poca _____, paterno _____

4   lentamente _____

   * Nota: materno = de la mamá

1 Mucha gente habla chino. ¿Cuántas personas hablan chino? Hay mil millones (1,000,000.000) que hablan chino como lengua materna. Y, ¿el inglés? Trescientos cincuenta millones (350,000,000) hablan inglés como lengua materna.

2 El inglés también es un idioma internacional. Es el idioma de los negocios, de las finanzas, de la ciencia, de la técnica y de la diplomacia. Muchas personas hablan inglés como lengua segunda. ¿Cuántas? Mil cuatrocientos millones (1,400,000,000) hablan inglés. El inglés también es la lengua oficial de muchos países como por ejemplo la India y Kenia.

3 Y, ¿el español? Más o menos trescientos cincuenta millones (350,000,000) hablan español como lengua materna. El español también es la lengua oficial de muchos países. En el Perú, por ejemplo, hay personas que hablan quechua como lengua materna, pero también hablan español, la lengua oficial.

4 Los países donde las personas hablan español son países donde la población aumenta rápidamente. En consecuencia, en el año 2000, 400 millones van a hablar español. En las Américas, el español es muy importante porque es la lengua de todos los países excepto el Brasil, los Estados Unidos, Canadá, Haití, Surinam y algunas islas del Caribe. Muchos brasileños, americanos y canadienses aprenden el español.

5 En realidad, hablan chino solamente en la China. Globalmente el inglés es más importante que el chino, pero en las Américas el español es un idioma esencial.

Comprensión del texto

Responde con oraciones completas.

1. ¿Cuántas personas hablan español?_____

2. ¿Dónde hablan chino?_____

3. ¿Cuántas personas hablan inglés como lengua segunda?_____
_____

4. ¿Es el español el idioma de los negocios, de las finanzas, de la ciencia, la técnica y la diplomacia?_____

Vocabulario

A. ¿Qué lengua hablan?

Escribe la lengua.

1. En Noruega, los noruegos hablan _____   español

2. En Chile, los chilenos hablan _____   árabe

3. En Grecia, los griegos hablan _____   urdu

4. En la Argentina, los argentinos hablan _____   noruego

5. En Pakistán, los pakistanís hablan _____   francés

6. En Bolivia, los bolivianos hablan _____   griego

7. En el Ecuador, los ecuatorianos hablan _____

8. En Egipto, los egipcios hablan _____

9. En Francia, los franceses hablan _____

10. En Costa Rica, los costarricenses hablan _____

Calcula

El español es la lengua oficial de veinte naciones y el número exacto de hispanohablantes (personas que hablan el español) es inexacto.

El número aceptado de hispanohablantes es de **350 millones.**

La población de España es de 40 millones.

Evidentemente la gran mayoría de hispanohablantes vive en el continente americano.

¡Caramba! Sólo un _____ % de las personas que hablan español vive en España.

El _____% de las personas que hablan español vive en las Américas.

Oral (en parejas)

Responde a las preguntas con la información indicada sobre las lenguas extranjeras al nivel secundario y también sobre las lenguas en tu colegio.

Horas por semana obligatorias para todos los estudiantes:

	máximo	-	mínimo		máximo	-	mínimo
Etiopía	10		-	Francia	6		3
Italia	3		3	Dinamarca	12		8
Nicaragua	3		3	Rusia	4		1

1. ¿Es obligatorio aprender lenguas extranjeras en Dinamarca?
2. ¿Cuántas horas estudian lenguas extranjeras en Dinamarca?
3. ¿Cuántas horas estudian lenguas extranjeras en Nicaragua?
4. En tu colegio, ¿es obligatorio aprender un idioma extranjero?
5. Y tú, ¿cuántas horas estudias idiomas extranjeros por semana?
6. ¿Cuántos idiomas puedes aprender en tu colegio?

Composición
Las lenguas en mi escuela.

Vocabulario

Femenino	**Masculino**
lengua materna	idioma
lengua oficial	
lengua segunda	

¿QUIÉN HABLA ESPAÑOL?

A. En estos países hablan español. Identifica los países.

1._____ 7._____ 14._____

2._____ 8._____ 15._____

3._____ 9._____ 16._____

4._____ 10._____ 17._____

5._____ 11._____ 18._____

6._____ 12._____ 19._____

        13._____ 20._____

B. Identifica:

A. Océano Pacífico
B. Mar Mediterráneo
C. Océano Atlántico

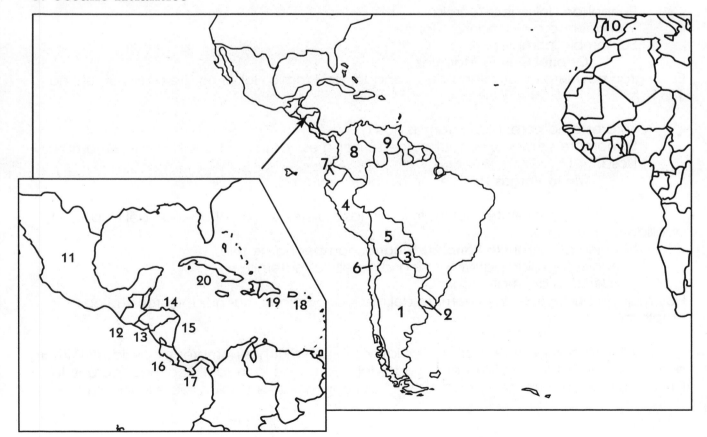

Pre-lectura: ¿Cuál es tu nombre completo? ¿Qué información indica sobre tu familia? ¿Indica información sobre tu papá? Y, ¿también hay información sobre tu mamá?

¿POR QUÉ TIENEN MUCHOS NOMBRES LOS LATINOS?

Vocabulario

Los antónimos (opuestos) de estas palabras están en el texto. Escríbelos.

antes _____   materno _____

incompleto _____   hombre _____

difícil _____

¿Por qué tienen muchos nombres las personas que hablan español?

> Es fácil: Gabriel García Márquez
> Su nombre es Gabriel.
> Después vienen sus dos apellidos:
> El apellido del papá: García
> Y el apellido de la mamá: Márquez.
> Su nombre completo es:
> **Gabriel García Márquez**

Es un gran novelista colombiano. Fue ganador del Premio Nobel en Literatura, en el año 1984.

> Mira este nombre: Mario Vargas Llosa.
> Su nombre es Mario, el apellido de su papá es Vargas y el apellido de su mamá es Llosa.
> **Mario Vargas Llosa** es un novelista peruano.

> Y, ¿las mujeres? Antes del matrimonio las mujeres utilizan el apellido del papá y el apellido de la mamá.
> Por ejemplo: **Arantxa Sánchez Vicario**, campeona de tenis.
> Sánchez (apellido paterno), Vicario (apellido materno)
> Y, ¿después del matrimonio?

Hay mujeres que emplean el nombre del marido, pero hay muchas mujeres que no lo emplean.

¿Ahora comprendes por qué los latinos tienen muchos nombres y apellidos? Primero, porque es una tradición utilizar el apellido del padre y de la madre. Segundo, porque la familia es muy importante y con dos apellidos hay más información sobre la familia.

Escribe tu nombre completo.

_____   _____   _____

Nombre (o nombres)   Apellido paterno   Apellido materno
                             (de tu papá)   (de tu mamá)

Oral (en parejas)

1. ¿Cómo te llamas?   2. ¿Tienes dos nombres?

3. ¿Cuál es tu apellido?   4. ¿Tienes dos apellidos?

5. Y tu mamá, ¿qué apellido (o apellidos) lleva?

La familia

| de | en |

Emplea las preposiciones.

_____ los países hispanos, es difícil exagerar la importancia _____ la familia. Y en las familias, los niños son muy importantes. No existe la tradición norteamericana _____ dejar[1] a los niños _____ casa, _____ tener fiestas sin los niños. Los niños están _____ todas las fiestas, están _____ las comidas, y también _____ los cines y los restaurantes.

    Por ejemplo, cuando los norteamericanos salen a comer _____ un restaurante o van a casa de amigos, lo hacen sin[2] sus hijos. Los niños no participan. Pero _____ los países latinos todos: bebés, niños, adolescentes, adultos y viejos están siempre presentes _____ los restaurantes y sobre todo _____ las fiestas _____ casa.

---

[1] dejar: _laisser / to leave_
[2] sin: _opuesto de 'con'_

La familia (repaso)
Escribe el femenino.

esposo   _____
hermano   _____
tío   _____
primo   _____
nieto   _____

Oral (en parejas)

Este es el árbol genealógico de la familia Trueba, personajes del libro **La casa de los espíritus** de la autora chilena **Isabel Allende**.

La familia de los Trueba.

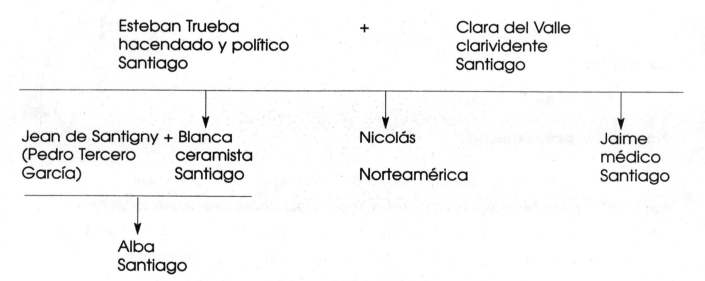

A. Mira bien el árbol genealógico y responde a las preguntas.

1. ¿Cómo se llama la abuela de Alba?
2. ¿Dónde viven Esteban Trueba y su esposa?
3. ¿Quién es médico?
4. ¿Cómo se llama la hija de Esteban Trueba y su mujer?
5. El marido de Blanca no es el padre de su hija. ¿Cómo se llama el verdadero padre de Alba? (Su nombre está entre paréntesis)

6. ¿Cómo se llaman los hermanos de Blanca?
7. ¿Cuántos tíos tiene Alba?
8. Nicolás y Jaime nacen[1] el mismo día. Dos niños que nacen el mismo día son mellizos. ¿Viven los mellizos en el mismo continente?
9. ¿Cuántos primos tiene Alba?
10. ¿Cuántos nietos tienen Esteban Trueba y Clara del Valle?

B.Tu familia

1. ¿Cuántas personas viven en tu casa?
2. ¿Cuántos hermanos tienes?
3. ¿Cómo son tus hermanos y hermanas? (¿Cómo es tu hermano(a)?)
4. ¿Trabaja(n)? ¿Estudia(n)?
5. ¿Viven tus abuelos en tu casa?
6. ¿Pasan tus abuelos el invierno en el extranjero?
7. ¿Cuántas personas hay en tu familia?
8. ¿Quiénes comparten tu casa o tu apartamento?
9. ¿Viven tus padres y tus abuelos en la misma ciudad?
10. ¿Cuántos hermanos y hermanas tiene uno de tus abuelos?
11. ¿Cuántos hermanos y hermanas tienen tu mamá y tu papá?

Composición

1. **Mi familia**
2. **Un árbol genealógico de mi familia y una descripción de cada persona**

Vocabulario

Femenino	Masculino	
	apellido	antes
	nieto(a) (m.y f.)	después
	nombre	difícil
	primo(a) (m. y f.)	fácil
		materno
		paterno

---
[1] nacer: *venir al mundo*

Pre-lectura: ¿Tienen acentos las personas de otras regiones? Da un ejemplo de una región donde la gente tiene un acento. Da un ejemplo de una palabra. Indica cómo la pronuncias tú y cómo la pronuncian ellos. Las personas de otras regiones, ¿utilizan palabras diferentes? Da ejemplos de palabras que ellos utilizan.

¿QUIÉNES HABLAN BIEN EL ESPAÑOL?

1 Hay diferencias notables entre el inglés y el francés que se habla en Europa y estos idiomas en las Américas. El inglés de Inglaterra es diferente del inglés de los Estados Unidos y de Canadá, y el francés de Francia es diferente del francés de Quebec. Hay diferencias de vocabulario y pronunciación.

2 Y, ¿el español? ¿También es diferente el español que se habla en España de la lengua que se habla en las Américas? En realidad hay diferencias de pronunciación y vocabulario entre región y región en España, entre país y país en América, pero las diferencias son pequeñas. Naturalmente para las personas educadas es más fácil comprender que para los que no tienen mucha instrucción. Pero cuando habla un peruano, un colombiano o un salvadoreño, la persona española lo comprende todo.

3 En pronunciación, la única diferencia importante es la pronunciación de las letras **c** y **z**[1]. En España éstas se pronuncian como la "th" del inglés y en las Américas se pronuncian como la "s". Otra diferencia es la utilización del **vosotros**. En la mayoría de los países latinoamericanos se utiliza "ustedes," pero en España se emplea la segunda persona del plural, "vosotros", si se trata del plural de "tú".

4 Los siguientes son ejemplos de las diferencias de vocabulario entre España y las Américas:

	España	**Latinoamérica**
la comida	patata	papa
el transporte	coche	auto, coche, automóvil, carro
las expresiones	vale	bueno, está bien

5 En realidad, los españoles y los latinoamericanos hablan el español correctamente. Naturalmente hay algunas diferencias de pronunciación y de vocabulario entre los países.

---

[1] **c** y **z**: *cuando la letra siguiente es una e o una i*

Comprensión del texto

A. Escribe V (verdad) o F (falso) después de leer cada oración.

____ 1. Los españoles pronuncian bien y los hispanoamericanos pronuncian mal.

____ 2. Las diferencias regionales son más importantes en español que en el inglés y el francés.

____ 3. En España pronuncian la **c** y la **z** como la "th" del inglés.

____ 4. Los argentinos y también los chilenos emplean la expresión "vale."

____ 5. Los profesores de español que pronuncian la **c** y la **z** como "s" pronuncian bien el idioma.

B. Preguntas sobre el texto.

Responde con una o dos palabras solamente.

1. ¿Quiénes, entre los hispanohablantes, no utilizan el "vosotros"? _____

2. ¿Cómo pronuncian los latinoamericanos las letras **c** y **z**? _____

3. ¿Es correcto pronunciar las letras **c** y **z** como "s"? _____

4. ¿Cómo son las diferencias entre el inglés de los Estados Unidos y el inglés de Inglaterra?
_____

Completa por favor.

Nacionalidad	País	Nacionalidad	País
colombiano	_Colombia_	argentina	_____
peruano	_____	ecuatoriano	_____
venezolano	_____	cubano	_____
español	_____	hondureño	_____

Eres el profesor. Corrige las faltas.

Modelo: Las diferencias entre el inglés de Inglaterra y este idioma en las Américas

son ~~insignificantes~~.   *(importantes)*

1. Los latinoamericanos no utilizan la segunda persona singular.

2. Hay grandes diferencias entre el francés de Francia y el francés de Colombia.

3. Cuando los latinoamericanos dicen "bueno", los españoles dicen "hola".

Oral (en parejas)

Yo no tengo acento

1. ¿Cómo se llama una región de tu país donde las personas tienen acento?
2. En esta región, ¿hablan rápido o despacio?
3. En esta región, ¿hablan correctamente o incorrectamente?
4. En esta región, ¿utilizan palabras diferentes? Ejemplos, por favor.
5. En tu opinión, ¿tienes acento regional?
6. En la opinión de las personas de otra región, ¿tienes algún acento?
7. ¿Son importantes las diferencias de pronunciación en tu país?

Composición

Mi idioma.

La Red
Consulta

Lenguas: español, catalán, gallego, quechua, aymara, mapuche, taino, guaraní, cuna, chocó

¿Quién es americano y quién es español?

Emplea correctamente estos verbos.

hablar	vivir	responder	ser

¿Tú _____ americano? Si vives en América del Sur, América del Norte o Centroamérica eres americano. Los latinoamericanos consideran que todas las personas de América del Norte, Centroamérica y Sudamérica _____ americanos. Para un mexicano, una persona de los Estados Unidos _____ un estadounidense.

Si tú le dices a una mexicana: "Soy norteamericana," ella _____ : "Yo también _____ norteamericana, porque México forma parte de Norteamérica, no de Centroamérica." Si tú le dices a un ecuatoriano: "Soy americano," él _____ automáticamente: "Nosotros también _____ americanos."

¿Y quiénes _____ españoles? Solamente las personas que _____ en España _____ españoles. Los bolivianos _____ de Bolivia, los colombianos de Colombia, los cubanos de Cuba. Ellos _____ español, pero su nacionalidad depende de su país.

Vocabulario

argentino(a)	español(a)	peruano(a)
boliviano(a)	estadounidense	puertorriqueño(a)
canadiense	guatemalteco(a)	salvadoreño(a)
chileno(a)	hispanohablante	uruguayo(a)
colombiano(a)	hondureño(a)	venezolano(a)
costarricense	mexicano(a)	
cubano(a)	nicaragüense	
dominicano(a)	panameño(a)	
ecuatoriano(a)	paraguayo(a)	

EL DÓLAR NO ES LA MONEDA EN TODO EL MUNDO

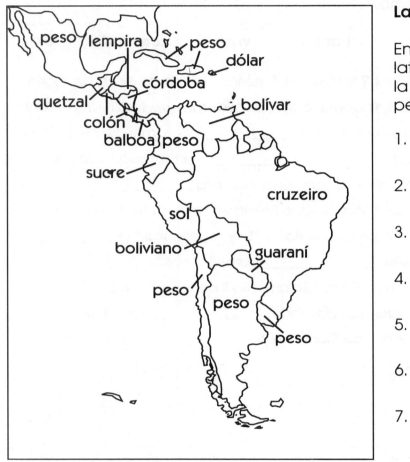

Las monedas

En siete países latinoamericanos la moneda es el peso. Éstos son:

1. _____

2. _____

3. _____

4. _____

5. _____

6. _____

7. _____

Vocabulario

* Nota: ¿Comprendes estas palabras?:   **el descubridor**
                                          el jefe

1. En El Salvador y en Costa Rica, la moneda se llama el _____, como el descubridor de América.

2. Vasco Núñez de Balboa es otro explorador, el descubridor del Océano Pacífico. La moneda en _____ lleva su nombre.

3. Simón Bolívar y José Sucre son dos héroes de la independencia:

Bolívar en _____ y _____

y Sucre en _____.

4. En el Paraguay, la moneda lleva el nombre del grupo indígena más importante de este país.

La tribu y la moneda se llaman _____.

5. La lempira es el nombre de un jefe indio en _____.

6. Y finalmente, en España la moneda se llama el **E   R**.

¿Cuánto cuesta?

Cuesta mucho: Es caro
Cuesta poco: Es barato

¿Cuánto cuesta un coche en México?
Un coche es caro; cuesta mucho dinero.
¿Cuánto cuestan dos tacos?
Los tacos son baratos; cuestan poco.

Completa con

| cara | caro | caros | caras |
| barata | barato | baratos | baratas |

1. En Latinoamérica hay muchos coches viejos. ¿Por qué? Porque los coches son muy _____.

2. También son muy _____ todos los productos importados, como por ejemplo las computadoras.

3. Solamente los productos agrícolas son _____.

Calcula

Un $1.00 es igual a:

         10 pesos (México)

         1.05 euros (España)

1. Un chico mexicano viene a este país. Naturalmente, calcula cuánto cuesta en su moneda, el peso mexicano. Primero compra un pantalón vaquero. El pantalón vale $60.00 dólares. ¿Cuánto vale el pantalón en pesos mexicanos? _____. Después, en la calle principal, come una hamburguesa ($2.75) y bebe una Coca-Cola ($1.20). La hamburguesa cuesta _____ y la Coca-Cola _____. Todo es muy caro.

2. Dos estudiantes de esta clase van a España. Desde el aeropuerto van directamente al Hotel Palacio Real en Madrid. Pero éste es muy caro, pues una habitación doble cuesta 200.00 euros. Después van al Hotel María Sol donde la habitación cuesta 50.00 euros. Las dos chicas están muy contentas. En dólares, el primer hotel cuesta _____ y el segundo _____.

Oral (en parejas)

A. El trabajo

1. ¿Trabajas?
2. ¿Dónde trabajas?
3. ¿Cuántas horas trabajas?
4. ¿Hay muchos jóvenes que trabajan?
5. ¿Por qué trabajan los jóvenes?
6. ¿Quién trabaja mucho en tu familia?
7. ¿Dónde trabaja uno de tus padres?
8. ¿Cuántas horas trabaja?
9. ¿Trabaja los fines de semana?

B. Los coches

1. ¿Cuánto cuesta un auto barato?
2. ¿Cuánto cuesta un vehículo caro?
3. ¿Cuestan mucho los coches importados?
4. En Latinoamérica, ¿son caros o baratos los coches?

Composición

Describe el horario semanal de una persona muy ocupada.

Completa los espacios con los siguientes verbos.

| estar | llamar | vivir | tener | ir |
| ser | trabajar | abrir | cerrar | |

Me _____ Juan. _____ colombiano y _____ en la costa, en la ciudad de Cartagena. _____ 28 años. Mi esposa se _____ Marta y nosotros _____ dos hijos, Marilú de cuatro años, y Jorge de dos años. _____ en una casa muy pequeña.

Yo _____ camarero en un restaurante y _____ mucho. Por la mañana el restaurante _____ a las 10. A la hora del almuerzo hay mucho trabajo, pero inmediatamente después, el restaurante _____. A las 4 de la tarde _____ a mi casa para _____ con mis hijos. Luego, a las 7, el restaurante _____ otra vez y yo trabajo hasta la medianoche.

Mi esposa _____ en un hotel de lujo en la playa. Cuando ella _____ a su trabajo Marilú y Jorge están con su abuela, la mamá de mi esposa. En el hotel no pagan bien y ella no puede comer allí. _____ de 7 a 12 y de 4 a 8.

Nosotros _____ muy ocupados.

Vocabulario

Femenino
moneda

Masculino
dinero
dólar
precio

Verbos
costar
valer

Adjetivos
barato
caro

La Red
Consulta

Monedas: euro, peseta, peso argentino, peso mexicano, peso cubano, sol, sucre

Pre-lectura: ¿Dónde prefieres pasar las vacaciones? ¿en una playa o en una ciudad?
¿Te gusta practicar deportes o visitar museos? ¿ir de camping o estar en un hotel elegante?

GANADOR(A) DEL PREMIO "VISITA ANDALUCÍA"

¡Felicidades! Eres el ganador o la ganadora del premio "Visita Andalucía".
Tu premio es un viaje a Andalucía. Tu premio incluye:

Tienes tres opciones.

- • dos billetes de avión
- • 5 noches en un hotel
- • 5 cenas

Opción 1 • GRANADA

1. **Situación geográfica:** en las montañas
2. **Elemento excepcional:** La Alhambra
3. **Elementos de interés:** los palacios y jardines de la Alhambra, la ciudad, las montañas
4. **Para el turista:** Alhambra, Palacio de Carlos V, Generalife, Capilla Real, Catedral, Albaicín, Cartuja
5. **Población:** 287.864 habitantes
6. **Hotel:** Parador de Granada ★★★
7. **Opinión:** ¡Quien no ha visto[1] Granada, no ha visto nada!

---

[1] Si vous n'avez pas vu Granada, vous n'avez rien vu. / If you have not seen Granada, you haven't seen anything.

Opción 2 • SEVILLA

1. **Situación geográfica:** al borde[1] del río Guadalquivir
2. **Elemento excepcional:** magnífica ciudad, capital de Andalucía
3. **Elementos de interés:** Semana Santa, Feria de Abril, flamenco, toros
4. **Para el turista:** Giralda, Catedral, Reales Alcázares, Palacio de Pedro el Cruel, Casa de Pilato
5. **Población:** 704.857 habitantes
6. **Hotel:** Hotel Alfonso XIII ★★★★★
7. **Opinión:** ¡El que no ve[2] Sevilla, no ve maravilla!

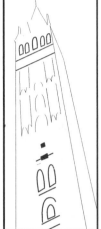

Opción 3 • TORREMOLINOS

1. **Situación geográfica:** al borde del mar Mediterráneo
2. **Elemento excepcional:** ciudad dedicada al turismo
3. **Elementos de interés:** clima excelente; turistas españoles y extranjeros
4. **Para el turista:** restaurantes, tiendas, discotecas, playas, deportes
5. **Población:** 35.309 habitantes
6. **Hotel:** Parador de Málaga del Golf ★★★
7. **Opinión:** Torremolinos es el paraíso de los turistas.

---

[1] al borde: *au bord / on the shore*
[2] ver: *voir / to see*

Gramática

Para comprender las opciones tienes que aprender tres verbos:

	GUSTAR	**INTERESAR**	**ENCANTAR**
Singular:	gusta	interesa	encanta
Plural:	gustan	interesan	encantan

me, te, le, nos, os, les son OBLIGATORIOS

Ejemplos: Me gusta **la playa** de Torremolinos.
(singular)
Me gustan **los palacios** de la Alhambra.
(plural)
Les encanta **la ciudad** de Sevilla.
(singular)

A. Completa
Modelo: Me interes**an las ciudades**
de Andalucía.
1. Te encant____ **el hotel** de Sevilla.
2. Nos gust____ **los restaurantes** de Granada.
3. No le interes____ **el golf** de Torremolinos.
4. Le encant____ **los palacios** antiguos de Granada.
5. Les gust_____ **las playas** del mar Mediterráneo.
6. No le interes_____ **la plaza** de Toros de Sevilla.

B. Con **un verbo** empleamos el **singular**.
1. Nos encant_____ **visitar** España.
2. Os interes_____ **comer** en los restaurantes
de Torremolinos.

> a mí, a ti, a él, a ella, a Ud., a nosotros,
> a vosotros, a ellos, a ellas, a Uds.   **NO son OBLIGATORIOS**

> me, te, le, nos, os, les   son OBLIGATORIOS

Semana Santa

C. Completa

Modelo: A ellos **les** encant**a** Semana Santa en Sevilla.

1. A mi profesora _____ interes_____ la Feria de Abril de Sevilla.
2. A _____ nos encant_____ la playa Montemar de Torremolinos.
3. A mi amigo _____ interes_____ la cultura española.
4. Al ganador del premio "Visita Andalucía" _____ interes_____ la Giralda de Sevilla.
5. Al ganador del premio "Visita Andalucía" no _____ gust_____ las ciudades con muchos turistas.

D. La selección personal {y la de mi amigo(a)}

1. En las páginas 1 y 2, mira bien las tres situaciones geográficas: (las montañas / el río / el mar)
   a. A mí _____ gust____ _____.
   b. A mi amigo(a) le gust____ _____.
2. Mira bien los 3 elementos excepcionales:
   a. _____ me interesa _____.
   b. A mi amigo(a) _____ interesa _____.
3. Analiza las atracciones para el turista:
   a. A mí me interes____ _____.
   b. A mi amigo(a) _____ interes____ _____.
4. Nota la población de las tres ciudades:
   a. A mí me gust____ las ciudades grandes.
      o
      A mí no me gust____ las ciudades grandes.
   b. A mi amigo(a) le gust____ las ciudades pequeñas.
      o
      A mi amigo(a) no le gust____ las ciudades pequeñas.

La selección de otras personas (la información está en las páginas 96 y 97)
¿Qué visitan estos turistas? ¿Sevilla, Torremolinos o Granada?

1. La señora A vive en una ciudad pequeña. Es experta en computadoras y trabaja en una compañía de turismo. Durante su tiempo libre pasa muchas horas navegando por la Red. Le interesa la historia y la arquitectura. También le gustan los palacios y las montañas.
   La señora A visita _____.

2. Los señores B y C viven en una ciudad muy grande. Son profesores de gimnasia en una escuela. Durante su tiempo libre el señor B pasa muchas horas en la piscina. Le encanta la natación. Al señor C le gustan todos los deportes.
   Los señores B y C visitan _____.

3. La señorita D es estudiante de baile[1]. Estudia baile clásico pero también le gusta mucho un baile español que se llama flamenco. Le encanta escuchar CDs de música de flamenco.
   La señorita D visita _____.

4. Al señor E le gustan solamente los deportes. Le interesa el fútbol y el tenis y le encanta el golf.
   El señor E visita _____.

5. Las señoritas F y G viven en una ciudad pequeña pero a ellas les gustan más las ciudades grandes. Les encanta visitar ciudades con muchas actividades y muchas ferias.
   Las señoritas F y G visitan _____.

6. A los señores H e I les encanta comer. Les encantan los hoteles de cinco estrellas con restaurantes buenos.
   Los señores H e I visitan _____.

---
[1] el baile: *danse / dance*

Oral

A. En la agencia de viajes

1. **Estudiante A:**   el / la agente(a) de viajes
    Estudiante B: el / la ganador(a) del premio

Agente(a) de viajes: ¡Felicidades! Ud. es el ganador (la ganadora) del premio "Visita Andalucía". ¿Qué ciudad va a visitar?

    Estudiante: No sé. Es difícil.

Agente(a): Bueno, bueno. Ud. tiene tres opciones, Torremolinos, Granada o Sevilla. ¿Le gustan las montañas o el mar?

    Estudiante: Me ....

Agente(a): Bueno. ¿Le interesa visitar ciudades pequeñas o grandes?

    Estudiante: Me ....

Agente(a): El viaje es para dos personas. ¿A su amigo(a) le gustan las ciudades grandes o pequeñas?

    Estudiante: A mi amigo(a) ....

Agente(a): En la lista hay tres hoteles. ¿A Ud. le gustan los hoteles de tres estrellas, cuatro estrellas o cinco estrellas?

    Estudiante: A mí me ....

Agente(a): Y, ¿le interesan los palacios?

    Estudiante: ....

Agente(a): Y a su amigo(a), ¿le interesan los palacios?

    Estudiante: ....

Agente(a): Bueno. Para terminar, ¿le gustan los deportes?

    Estudiante: ....

Agente(a): ¡Excelente! ¿cuál es su decisión?

    Estudiante: Vamos a visitar ....

2. **El estudiante A es el ganador y el estudiante B es el/la agente(a) de viajes.**

B. Oral

1. **Indica UN ELEMENTO NEGATIVO sobre las opciones de las páginas 96 y 97**

    Emplea: **gusta / gustan / interesa / interesan**

    1. En Granada **no** me ....   2. En Sevilla **no** me ....   3. En Torremolinos **no** me ....

2. **Indica un ELEMENTO POSITIVO sobre las opciones de las páginas 96 y 97**

    Emplea: **encanta / encantan**

    4. En Granada me ....   5. En Sevilla me ....   6. En Torremolinos me ....

Vocabulario
Hotel / turismo

Femenino	**Masculino**	**Verbos**
ciudad	hotel	encantar
estrella	restaurante	gustar
opción	turista	interesar
opinión		
población		

Tarea

Es el momento de la decisión. En las páginas 96 y 97 tienes 3 opciones, Torremolinos, Sevilla o Granada. Indica las atracciones, el hotel, etc. Emplea **gustar, interesar y encantar**.

A tu profesor, ¿le gustan las composiciones largas o cortas? A tu profesor, ¿cuántas palabras le gustan en las composiciones?

Me gust_____

_____

La Red
Consulta

1. **Sevilla:** Giralda, Catedral, Reales Alcázares, Palacio de Pedro el Cruel, Museo de Bellas Artes, Casa de Pilato, Parque de María Luisa, Barrio de Santa Cruz, Archivo General de Indias, Juan de Herrera, Torre del Oro, Isla de la Cartuja, Virgen de la Macarena

2. **Granada:** La Alhambra: Palacios Nazaríes, Mexuar, Generalife; Museo Hispano-musulmán, Alcázaba, Capilla Real, Monasterio de San Jerónimo, Iglesia de San Nicolás

3. **Ciudades de la Costa del Sol:** Puerto Banuz, Marbella, Mijas, Málaga, Torremolinos, Cabo de Gata, Fuengirola, Estepona, Casares, San Pedro de Alcántara, Nerja, Almuñécar. Motril, Calahonda, Castell de Ferro, Aguadulce, Almería

4. **Fiestas:** Valencia: Fallas; Sevilla: Semana Santa y Feria de Abril; Alcoy: Moros y Cristianos; Huelva: El Rocío; Toledo: Camuñas y Sitges; Pamplona: Sanfermines

Pre-lectura: Describe un palacio. Indica 3 o 4 diferencias entre un palacio y una casa.

GRANADA: LA ALHAMBRA

Preparación con imágenes

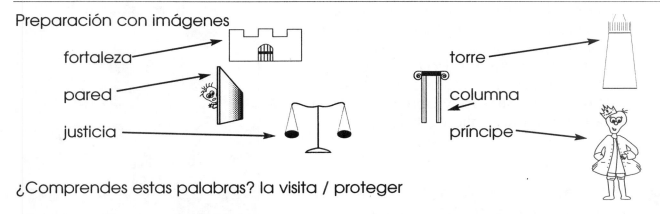

fortaleza

pared

justicia

torre

columna

príncipe

¿Comprendes estas palabras? la visita / proteger

1 Hola. Bienvenidos a la Alhambra, una fortaleza-palacio árabe. La Alhambra es muy grande: tiene palacios, patios, jardines y torres.

2 La parte más antigua[1] es la fortaleza. Ésta tiene grandes paredes para proteger los palacios interiores.

3 Hay muchas puertas para entrar en la Alhambra. Las puertas tienen nombres y ésta se llama la Puerta del Vino.

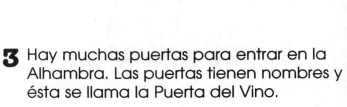

---

[1] antigua: *vieja*

4 Hoy sólo hay turistas en la Alhambra.
Pero en el pasado.....   *Imagina.*

.... En los palacios hay salas públicas. Aquí
los príncipes reciben sus visitas. También hay
salas para la administración de la justicia.
Otras zonas son residenciales. Las personas
que viven en la Alhambra están en las
habitaciones interiores. Hay muchas
habitaciones con bellas decoraciones.
También hay patios muy bellos. El patio a la
derecha se llama Patio de los Leones.

5 Las columnas del Patio de los Leones son
delicadas. Sus decoraciones son muy
sofisticadas. También hay inscripciones del
Corán[1].

6 Esta es la Torre de
las Damas. Aquí hay
muchos jardines.

Conclusión:

La _____ es el más bello y el más antiguo de los palacios árabes
de España.

---

[1] Corán: *libro; fundamento de la religión musulmana*

Vocabulario

A. Las habitaciones de la Alhambra
1. En la sopa de letras hay **ocho** palabras relacionadas a la casa. (la lista está en la página 112)
2. Las letras que **restan** forman una frase.

```
D O R M I T O R I O
L A O A L E H A B M
B R D A E R S U A N
P A E L A R C I Ñ S
O B M E P A T I O A
L L O O Y Z G R A L
C O C I N A N D E O
H A B I T A C I O N
```

Las palabras relacionadas con la casa son:

1. _____ 2. _____ 3. _____
4. _____ 5. _____ 6. _____
7. _____ 8. _____

La frase es:

¡ _____ !

B. **¿Qué existe en el año 1380? ¡Ojo!** 👁 **Estamos en la Alhambra en el año 1380.**

1. <u>Subraya</u> las cosas[1] que existen.
   modelo: _alfombra_

lavaplatos	mesa de trabajo	armario de ropa
cama	tocadiscos	espejo
lámpara (de aceite[2])	aspiradora	microondas

2. Divide las palabras <u>subrayadas</u> arriba ⬆ en tres categorías.
   Escribe las palabras en las habitaciones apropiadas de la Alhambra.

Sala de los Baños	**Mexuar o Cuarto Dorado** (salón administrativo para recibir al público)	**Sala de las dos Hermanas** (dormitorio, alcoba)
_e_ _____	_l_ _____	_c_ _____
	_____	_____

---

[1] la cosa: _chose / thing_
[2] el aceite: _huile / oil_

La Alhambra hoy
Gramática: La concordancia

A. Completa las palabras. ¡Ojo! 👁 **Hay respuestas completas.**

Modelo: **La Alhambra**: 1. Es un**a** residenci**a** magnífic**a**.

2. Es un palaci**o** antigu___.

   3. Hay una zon**a** administrativ___.

4. Tiene cuart**os** de baño admirable___.

   5. Las habitaciones son bell___.

6. La decoración es abundante___.

   7. Los jardines son importante___.

8. Sus patios son maravillos___.

   9. Las inscripciones del Corán son numeros___.

10. El aspecto global de la Alhambra es impresionante___.

B. Muchos turistas visitan la Alhambra.

Normalmente hay más de un millón (1.000.000) de turistas por año.

¡OJO! 👁 **el** turist**a**, **los** turist**as**

Indica		
	muchos	muchas

Hoy día la Alhambra

Modelo:			
	1.	tiene _____*muchos*_____	palacios.
	2.	tiene _____	jardines.
	3.	tiene _____	terrazas.
	4.	tiene _____	columnas.
	5.	tiene _____	decoraciones.
	6.	tiene _____	habitaciones.
	7.	tiene _____	patios.
8.	y también tiene _____		turistas.

A. La historia de la Alhambra

0 cero

1 uno	**11** once	**21** veintiuno	**31** treinta y uno	**40** cuarenta
2 dos	**12** doce	**22** veintidós	**32** treinta y dos	**50** cincuenta
3 tres	**13** trece	**23** veintitrés	**33** treinta y tres	**60** sesenta
4 cuatro	**14** catorce	**24** veinticuatro	**34** treinta y cuatro	**70** setenta
5 cinco	**15** quince	**25** veinticinco	**35** treinta y cinco	**80** ochenta
6 seis	**16** dieciséis	**26** veintiséis	**36** treinta y seis	**90** noventa
7 siete	**17** diecisiete	**27** veintisiete	**37** treinta y siete	
8 ocho	**18** dieciocho	**28** veintiocho	**38** treinta y ocho	
9 nueve	**19** diecinueve	**29** veintinueve	**39** treinta y nueve	
10 diez	**20** veinte	**30** treinta		

Escribe los números en letras

711   Invasión árabe de la península Ibérica.
                setecientos _____

Siglo 9 (IX)   Construcción de la primera fortaleza.
                Siglo _____

1333 a 1391   Construcción de los palacios de la Alhambra.
                mil trescientos _____
                a mil trescientos _____

Siglo 14 (XIV) Construcción del palacio y las salas que rodean[1] el Patio de los Leones.
                Siglo _____

1319   Construcción de los Jardines del Generalife.
                mil trescientos _____

1492   Boabdil, el último[2] rey, sale[3] de la Alhambra, sale de Granada,
                sale de la península Ibérica.
                mil cuatrocientos _____

20??   Yo visito la Alhambra.
                dos mil _____

Más números

100 cien	500 quinientos(as)	1.000 mil
101 ciento uno	600 seiscientos(as)	1.100 mil cien
200 doscientos(as)	700 setecientos(as)	1.200 mil doscientos
300 trescientos(as)	800 ochocientos(as)	1.300 mil trescientos, etc.
400 cuatrocientos(as)	900 novecientos(as)	2.001 dos mil uno

---

[1] rodear: *entourer / to surround*
[2] último rey: *dernier roi / last king*
[3] salir: *quitter / to leave*

B. Los cristianos luchan¹ contra los moros. Los moros son los habitantes musulmanes de la península Ibérica.

Completa con

península	Andalucía	cristianos	Valencia

1. **España en el año 850**
(_____ cientos cincuenta)
Los moros toman gran parte de la
_____ Ibérica.

□ cristianos
▨ moros

2. El Cid captura _____
en 1094.
(_____ noventa y _____)

3. **España en el año 1150**
(mil ciento _____)
Los moros y los _____
dividen la Península.

□ cristianos
▨ moros

4. **España entre 1270 y 1492**
(_____ dos _____ setenta)
(_____ cuatro _____
_____)
Los cristianos toman gran parte de
la península Ibérica excepto partes
de _____ .

□ cristianos
▨ moros

←Andalucía

Conclusión:

Los cristianos toman el _____ (norte / sur) de la Península
y avanzan hacia² el _____ (norte / sur).

---

¹ luchar: *se battre / to fight*
² hacia: *vers / toward*

Escrito y oral. (Dos estudiantes, A y B)
1. **Escrito**
   El estudiante A completa los números 1 y 2; el estudiante B completa 3 y 4.
   Responde con una palabra o frase.
2. **Oral**
   A pregunta 1 y 2; B pregunta 3 y 4.

Emplea

	qué	cómo

Estudiante A

1. La civilización musulmana es muy importante en la historia de España. Tiene una influencia enorme.

a. ¿_____ civilización es importante en la historia de España? _____

b. ¿_____ es la influencia árabe? _____

2. Durante esta época el árabe es el idioma oficial y la religión musulmana la religión oficial. Pero ¡atención! Durante esta época hay muchas lenguas, culturas y religiones diferentes en la península Ibérica. Los moros aceptan la pluralidad étnica y cultural. También hay tolerancia religiosa.

c. ¿_____ es la lengua oficial durante esta época? _____

d. ¿_____ se llama la religión oficial? _____

Estudiante B

3. Muchos aspectos de la civilización musulmana son importantes: las matemáticas, las ciencias, la arquitectura y el arte. La Alhambra es un ejemplo de su arquitectura y su arte decorativo. En la Alhambra hay decoraciones geométricas y florales. No hay figuras humanas.

e. ¿_____ aspectos de la civilización musulmana son importantes?
   _____, _____, _____, _____.

f. ¿_____ hay en las paredes? _____

4. La filosofía y la ciencia de los musulmanes son avanzadas. La Península es el punto[1] de contacto entre la cultura musulmana y Europa. La influencia de la cultura musulmana sobre Europa es importante.

g. ¿_____ son la filosofía y la ciencia? _____

h. ¿_____ es la península Ibérica? _____

---

[1] el punto: *point*

GUSTAR / PREFERIR y .... ODIAR

Me gustan los patios de la Alhambra, pero prefiero los jardines.
Nos gustan los salones de la Alhambra, pero preferimos las columnas con inscripciones.
Odio cuando hay muchos turistas.

Preferir

yo pref**ie**ro	nosotros preferimos
tú pref**ie**res	vosotros preferís
él, ella, Ud. pref**ie**re	ellos, ellas, Uds. pref**ie**ren

A. Mira las fotos de la página 104.

1. ¿Te gustan los patios de la Alhambra?

_____

2. ¿Qué foto prefieres?

_____

B. Mira las fotos de las páginas 103 y 104.

3. ¿Te gusta la Alhambra?

_____

4. ¿Prefieres la Puerta del Vino o el Patio de los Leones?

_____

Oral

A. Tu colegio
1. ¿Te gusta la clase de español?
2. ¿Qué clases te gustan?
3. ¿Qué clase prefieres?
4. ¿Qué clase odias?

B. Tu casa
1. ¿Qué comida te gusta?
2. ¿Qué comida odias?

C. La música popular
1. ¿Qué cantante prefieres?
2. ¿Qué cantante odias?
3. ¿Qué música odias?

D. Una casa / un edificio excepcional en tu país o ciudad

1. ¿Cómo se llama?
2. ¿De qué año o de qué siglo es?
3. ¿Qué habitaciones tiene?
4. ¿Tiene un patio con decoraciones?
5. ¿Cuántos cuartos de baño tiene?
6. ¿Cómo es el jardín?
7. ¿Tiene una piscina?
8. ¿Te gusta la casa (el edificio)?
9. Explica qué no te gusta.

E. La Alhambra

1. ¿Cómo se llama la ciudad donde está la Alhambra?
2. ¿Cómo es la Alhambra?
3. ¿Dónde hay decoraciones?
4. ¿Cómo son los jardines?
5. ¿Cuántos turistas visitan la Alhambra?
6. ¿Por qué visitan los turistas la Alhambra?
7. Explica qué te gusta. (mínimo tres cosas)

Tarea

Completa esta tarjeta postal. Es para tu amigo(a).

Patio de los Arrayanes

15 de noviembre

Hola _____,

    Hoy visitamos la Alhambra. Es _____. Tiene _____ _____, _____ y _____.

    A mí me gustan _____ _____.
También hay _____.
_____. Es _____.

    Tu amigo(a),

    _____

Conclusión general:

La influencia de la civilización musulmana sobre la península _____
es muy grande en el arte, la lengua, la comida y la arquitectura.

Vocabulario
La casa, la fortaleza y el palacio

Masculino	Femenino
baño	cocina
comedor	columna
cuarto	decoración
dormitorio	fortaleza
jardín	habitación
palacio	inscripción
patio	pared
salón	puerta
	torre
	terraza
	residencia

La Red
Consulta: (escribe primero el nombre del país)

1. **La Alhambra:** Mexuar, Puerta de la Justicia, Palacios Nazaríes, Palacio de Comares, Palacio de Muhamed V, Patio de los Arrayanes, Salón de los Embajadores, Patio de los Leones, Sala de los Abencerrajes, Sala de los Reyes, Sala de las dos Hermanas, Sala de los Ajimences, Mirador de Daraxa, el Generalife, Palacio de Carlos V
2. **Personas:** Ismail I, Muhammad III y V, Carlos V, Ibn Zamrak, los Reyes Católicos
3. **Granada:** el Albaicín, el Valle del Darro, el jardín de Lindaraja, Capilla Real, Cartuja, Monasterio de San Jerónimo, Iglesia de San Juan de Dios
4. **Autores:** Federico García Lorca, Washington Irving *Tales of the Alhambra*

Pre-lectura: ¿Dónde pasas tus vacaciones? ¿Con quién las pasas? ¿Te gusta pasar las vacaciones en la playa o prefieres las montañas? ¿Te interesa pasar las vacaciones en una ciudad grande, como por ejemplo Madrid?

UNA CIUDAD ESPAÑOLA: TORREMOLINOS

Escribe los cognados. Son palabras parecidas a las que existen en tu idioma.

1 _____ vac _____   2 _____ tí _____
4 _____ dis _____   5 _____ act _____

1 En España hay muchas playas. A los turistas les gusta pasar las vacaciones en las playas españolas. En Torremolinos hay turistas de muchos países. Hay turistas españoles y de otros países europeos. También hay turistas norteamericanos y sudamericanos.

2 ¿Cómo es un día típico de un turista en una playa española? Tomemos como ejemplo Torremolinos, una ciudad de Andalucía que tiene muchas playas.

3 Por la mañana los turistas desayunan[1] y se instalan en la playa. Los chicos miran a las chicas y las chicas miran a los chicos. Naturalmente toman el sol con precaución.

4 Por la tarde continúan en la playa. Hablan con sus amigos. Hablan de playas, de restaurantes; discuten sus vacaciones, sus familias y sus amigos.

5 Por la noche hay mucha acitividad. Los turistas toman una cerveza o un vaso de vino y comen tapas[2] en un café. A las 9 o 10 de la noche, cenan en un restaurante y después bailan en una discoteca.

---

[1] desayunar: *prendre le petit déjeuner / to have breakfast*
[2] tapas: *especialidad española, pequeños platos con todo tipo de comidas: setas (champiñones), aceitunas, etc. Las tapas pueden ser calientes o frías.*

Comprensión del texto

1. ¿Qué hacen por la noche? _____

2. ¿Hay solamente españoles en las playas españolas? _____

_____

3. ¿Cuándo hay mucha actividad? _____

4. ¿Dónde se instalan por la mañana? _____

Las playas españolas

¿Dónde están las playas? Hay playas en el mar Mediterráneo y en el océano
Atlántico.

Indica las playas con los números

Las playas más famosas de España,
Torremolinos y Marbella, están en la
Costa del Sol 1. A muchos turistas les
gustan las playas de la **Costa Verde
2**, de la **Costa Brava 3** y de la **Costa
de la Luz 4**. Finalmente, otros turistas
prefieren las playas de las **Islas
Baleares 5**: Ibiza, Mallorca y
Menorca.

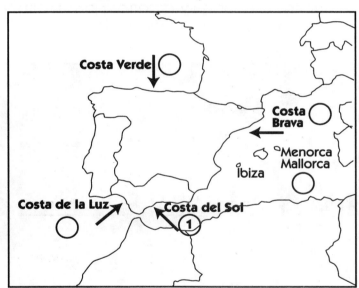

Mira el mapa y responde con oraciones completas.

1. ¿Cómo se llama la costa norte de España? _____

2. ¿Qué son Ibiza, Mallorca y Menorca? _____

3. ¿Dónde está la Costa Brava? _____

Vamos a Torremolinos

Tres hoteles de Torremolinos

1.

Hotel Meliá Costa del Sol
- Número de estrellas ★★★★
- Número de habitaciones: 540
- aire acondicionado, ascensor
- aparcamiento reservado
- piscina
- programa de animación
- salas de conferencias
- edificio moderno
- no se admiten perros
- comida 35.00, desayuno 2.50

2.

Hotel Don Paquito
- Número de estrellas ★★
- Número de habitaciones: 49
- piscina, jardín
- tenis
- ascensor
- se admiten perros
- bar

3.

Parador de Málaga del Golf
- Número de estrellas: ★★★
- Número de habitaciones: 56
- construcción reciente
- piscina, tenis, golf
- aire acondicionado
- playa
- vista al golf
- salas de conferencias
- no se admiten perros
- comida 50.00, desayuno 4.50

A. Completa la pregunta con cuántos / cuántas y responde.

1. ¿_____ estrellas tiene el hotel Don Paquito? _____

2. ¿_____ hoteles tienen piscina y playa? _____

3. ¿_____ habitaciones tiene el Hotel Meliá Costa del Sol?_____

4. ¿_____ hoteles admiten perros? _____

5. ¿_____ hoteles tienen aire acondicionado? _____

B. La selección personal

Me gust____ el hotel _____ porque _____.

Un día en Torremolinos
Vocabulario: las comidas

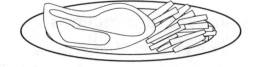

A. Completa

	Sustantivo	Verbo
(7-9 de la mañana)	el desayuno	desayunar
(2-4 de la tarde)	el almuerzo	_____morzar (también se llama)
(2-4 de la tarde)	la comida	_____mer
(9-10 de la noche)	la cena	_____nar

B. Completa con las palabras del ejercicio anterior (A)

1. En Torremolinos sólo los niños comen cereal en el _____.
2. En Norteamérica niños y adultos comen cereal en el _____.
3. En Torremolinos la _____ es entre las dos y las cuatro.
   También se llama el _____.
4. En Torremolinos, como en toda España, las personas _____
   muy tarde[1], entre las 9 y 10.
5. En Norteamérica la comida principal del día es a las 6 de la tarde.
   Es la _____.

C. Completa con las siguientes expresiones

por la mañana	por la tarde	por la noche

1. _____ muchos españoles toman café en el desayuno.
2. _____ después del desayuno, los turistas se instalan
   en la Playa de los Álamos, en la Playa Montemar o en la Playa Carihuela.
   En Torremolinos hay muchas playas.
3. _____ comen en una terraza cerca de la playa.
4. En Torremolinos hay muchas discotecas: Alí-Babá, Piano Club, Mario's, etc.
   En las discotecas, hay mucha actividad _____.

D. Las frases no están en orden. Ordena las frases por favor.

1. _1_   Me llamo Ingrid y
   ____   Torremolinos, una ciudad en la Costa del Sol
   ____   me gusta pasar mis vacaciones con mi papá, mi mamá y mis dos hermanos en
2. ____   por la mañana tomamos el
   ____   el día en la playa
   ____   desayuno en una terraza y después pasamos
3. ____   nos gusta la Playa del Saltillo
   ____   donde practicamos la natación, el scuba y la vela

---
[1] tarde: *late*

Estas personas están en Torremolinos.
Prepara sus horarios¹.

- **A. Felipe**
  estudiante, 21 años
  - **B. Sandra y Gabriela**
    estudiantes, 17 años
    - **C. La familia Sánchez (5 personas)**
      el papá, la mamá y 3 hijos de 6, 4 y 1 año

Emplea TODAS las palabras o frases

la playa	bar	les encanta	el tenis	cena	tomar el sol
bailan	toman café	comen tapas	toman leche	almuerza	

1. Por la mañana Felipe no toma desayuno, va directamente a la playa a
   _____. Lleva un sombrero y crema protectora.
2. Por la mañana la familia Sánchez desayuna en el restaurante del Hotel
   Pez Espada. Los tres niños _____ y el papá y la mamá _____.
3. Las chicas se instalan en _____ Bajondillo por la
   mañana. Les gusta mucho.
4. Por la tarde la familia Sánchez _____ en el restaurante
   Cetus. Después los tres niños toman una siesta.
5. A Sandra y Gabriela _____ la playa Bajondillo. Pasan todo
   el día allí.
6. Por la tarde Felipe habla con dos españoles. Discuten el fútbol. A Felipe
   le gusta mucho el fútbol. Él practica el fútbol, no practica _____.
7. A las 5 las dos chicas _____, una especialidad española,
   en un restaurante.
8. Por la noche Sandra y Gabriela _____ salsa y merengue
   en la discoteca Mario's. Después visitan una taberna flamenca, Rincón
   Flamenco "Carrete".
9. Por la noche Felipe no va a una discoteca. Va al _____ Cal
   Viva.
10. La familia Sánchez _____ en el restaurante Doña
    Francisquita y después va a dormir al hotel. A los niños no les gusta el
    restaurante, les gusta el hotel.

¹ el horario: *distribución de las horas del día*

Oral

1. Con la información del ejercicio de la página anterior, describe el horario de:
   - A. Felipe
   - B. Sandra y Gabriela
   - C. La familia Sánchez
2. Describe
   - D. Tu horario de hoy
   - E. El horario de un adulto muy ocupado

Tarea

Estás en Torremolinos. Prepara tu horario.
Emplea **por la mañana, por la tarde y por la noche**. También emplea el verbo **gustar**.

Vocabulario

Masculino	Femenino	Verbos	Expresiones
almuerzo	cena	cenar	por la mañana
desayuno	comida	comer	por la tarde
	playa	desayunar	por la noche
	vacaciones		

La Red

Consulta (Escribe primero el nombre del país)

1. **Costa del Sol:** Andalucía, Torremolinos, Marbella, Puerto Banús, Mijas, Málaga, Gibralfaro, Cuevas de Nerja
2. **Costa Verde:** Asturias, Cuevas de Tito Bustillo, Mirador del Fito, Valdediós, Cabo de Peñas
3. **Costa Brava:** Catalunya (Cataluña), Girona, Sant Pere de Rodes, Cadaqués, Ampurias, Pals, Jardín Botánico del Cap Roig, S'Agaró, Tossa del Mar
4. **Costa de la Luz:** Andalucía, Huelva, Cádiz, Parque Nacional de Doñana, Tarifa, Gibraltar
5. **Islas Baleares:** Mallorca: Palma de Mallorca, Llotja, Pueblo Español, Castillo de Bellver; Menorca: Ciudadela; Ibiza

Pre-lectura: Muchas personas piensan que los países donde se habla español son muy similares. Evidentemente esto es falso. ¿Qué diferencias hay entre los países de Latinoamérica?

LAS REGIONES DE LATINOAMÉRICA

Vocabulario

Escribe los antónimos. Los números se refieren a los párrafos del texto.

1 termina _____

3 rico _____

5 menos _____

6 pocos _____

2 aquí _____

4 este _____

5 anchas _____

1 Podemos dividir a los países de Centro y Sudamérica en grandes regiones. Estas regiones son muy inexactas y bastante arbitrarias, pero sirven a la persona que empieza a estudiar el continente. Las regiones son:

  1. El Brasil
  2. El Cono Sur
  3. Los países andinos
  4. Centroamérica[1]
  5. Las Antillas

2 El Brasil, con una población de 150 millones es el país más grande en territorio y población. En este país hablan el portugués y no el español como en los otros países del continente. El Brasil es un país muy variado: la zona de la Amazonía es la más famosa a causa de los problemas ecológicos allí, pero este país también tiene mucha industrialización, sobre todo en el sudeste del país, en la provincia de Sao Paolo.

3 El Cono Sur incluye tres países muy desarrollados[2]: Chile, Argentina y Uruguay y un país pobre, el Paraguay. Las economías de los tres primeros países son fuertes y allí hay mucha industrialización. La gente, sobre todo en la Argentina y el Uruguay, es en mayoría de descendencia europea.

---

[1] Esta región incluye México que geográficamente forma parte de Norteamérica
[2] desarrollar: développer / to develop

4 Entre los países andinos incluimos a Venezuela que sólo tiene una región andina en el extremo oeste del país y excluimos a Chile. En varios países de la región andina el porcentaje de autóctonos y mestizos es muy elevado. Las economías de estos países son totalmente distintas. Gracias al petróleo, Venezuela es un país bastante rico. Bolivia tiene cobre[1] pero es un país muy pobre. En algunos países, a causa del tráfico de drogas hay dos economías paralelas, una legal y otra ilegal.

5 Hay grandes diferencias entre los países centroamericanos. México es el país más importante de esta región pues tiene mucha industria, agricultura y turismo. México tiene una población muy variada; tiene relaciones políticas y económicas muy estrechas con los Estados Unidos y Canadá. En Costa Rica hay muchos turistas a causa de su gran belleza natural. El canal de Panamá, entre Pacífico y Atlántico, es importante en la economía y la política de este país.

6 En las Antillas se hablan muchos idiomas, el francés en Guadalupe, Martinica y Haití; el inglés en Jamaica y las Bahamas y el español en Cuba, República Dominicana y Puerto Rico. También la política de estos países es muy distinta: Cuba es un país marxista, la República Dominicana es una democracia y Puerto Rico es un Estado Libre Asociado y forma parte de los Estados Unidos.

En el mapa
A. Indica las cinco regiones
B. ¿Es posible emplear otras categorías para dividir a los países de Latinoamérica? ¿Cuáles?

---

[1] cobre: *cuivre / copper*

Comprensión del texto

Escribe una característica sobre los países latinoamericanos; escribe sólo **una palabra**.

1. Hablan francés en algunas islas de las _____.
2. En la región andina hay un elevado número de _____ y autóctonos.
3. En la Argentina y el Uruguay, la gente es en mayoría de descendencia _____.
4. El Canal del Panamá es la unión marítima entre dos _____.
5. Puerto Rico no es un país independiente porque forma parte de los _____.
6. El producto de exportación más importante de Venezuela es el _____.
7. El país sudamericano más grande en área y población es el _____.

Ejemplos de las diferencias entre los países

A. La población del país, de su capital y el área total del país.

	Argentina	**El Salvador**
población	32.420.000	5.210.000
capital	9.967.825	462.652
área	2.766.890 km.c.	21.040 km.c.

La Argentina es un país mucho más grande que El Salvador.
En población es _____ veces[1] más grande que El Salvador.
Su capital, Buenos Aires, es _____ veces más grande que San Salvador, la capital de El Salvador.
También en área, la Argentina es _____ veces más grande que El Salvador.

---

[1] veces: *fois plus grand / times bigger*

B. Número de estudiantes que <u>no</u> terminan la escuela primaria.

República Dominicana	65%
Guatemala	64%
México	31%
Uruguay	14%

La educación primaria de los diferentes países latinoamericanos es bastante variada. _____ veces más niños completan la educación primaria en el Uruguay que en la República Dominicana y Guatemala.

Vocabulario

1. Hispanoamérica no es un sinónimo de L_____.
   Latinoamérica es el nombre de todos los países de Centro y Sudamérica.

2. Hispanoamérica define particularmente a los países donde se habla
   _____.

3. Un "hispano" o "latino" es una persona que habla _____.

Gramática

Emplea las preposiciones.

en	a	de

Las categorías geográficas son una simplificación _____ la realidad _____ los países americanos. Es importante notar que todos los países son diferentes _____ su política, su geografía, su economía y su gente. Por ejemplo, _____ México comen tacos, enchiladas, fajitas y otras comidas _____ base _____ maíz. _____ México la música más conocida es el mariachi. _____ Chile sólo podemos comer estos platos y escuchar esta música _____ restaurantes mexicanos.

Oral (en parejas)

1. ¿Cómo se llaman dos regiones de tu país?
2. ¿Qué diferencias hay entre su política, su geografía, su economía y su gente.
   ¡Detalles!

Composición

Dos países latinoamericanos.
Las diferencias en su geografía, su economía, su gente, su política, etc.

Vocabulario

Femenino	**Masculino**	
área	autóctono(a) (m. y f.)	empezar
economía	mestizo(a) (m. y f.)	
gente	territorio	
geografía		
industrialización		
población		
política		
región		

La Red
Consulta (Escribe el nombre del país y Oficinas ...,
Secretaría ..., Ministerio ..., Servicio ..., etc.)

1. **Oficinas Españolas de Turismo** (Tourspain, Turespaña)
2. **Secretaría (Nacional) de Turismo:** México (FONATUR), Argentina, Brasil, Panamá
3. **Ministerio de Relaciones Exteriores:** Perú, Ecuador (ECUANET)
4. **Ministerio de Turismo:** Uruguay, Nicaragua, República Dominicana
5. **Servicio Nacional de Turismo:** Chile (SERNATUR)
6. **Colombia Turismo; Guía de Argentina, Pánama Page, Bolivia Web, Venezuela Index** (Chévere)

España

América del Sur

América Central y las Antillas